JN430101

Signature

지텔프 65점 대비 시그니쳐 실전 영문법

실전 영문법 + 문법 실전모의고사 4회분 수록

한사랑 편저

First Part :
Grammar Section 문법파트 [실전영문법편]

이론편 순서는 G-TELP시험 최신 출제율에 따라 제작되었습니다.

UNIT 01 시제

UNIT 02 가정법

UNIT 03 준동사

UNIT 04 조동사

UNIT 05 접속사 & 접속부사

UNIT 06 관계사

Second Part 실전모의고사편

Signature

지텔프
65점 대비
실전 영문법

First Part :

Grammar Section 문법파트

실전
영문법편

Signature
지텔프
65
65점 대비
실전 영문법

UNIT : 01

시제

UNIT : 01

시제

출제율

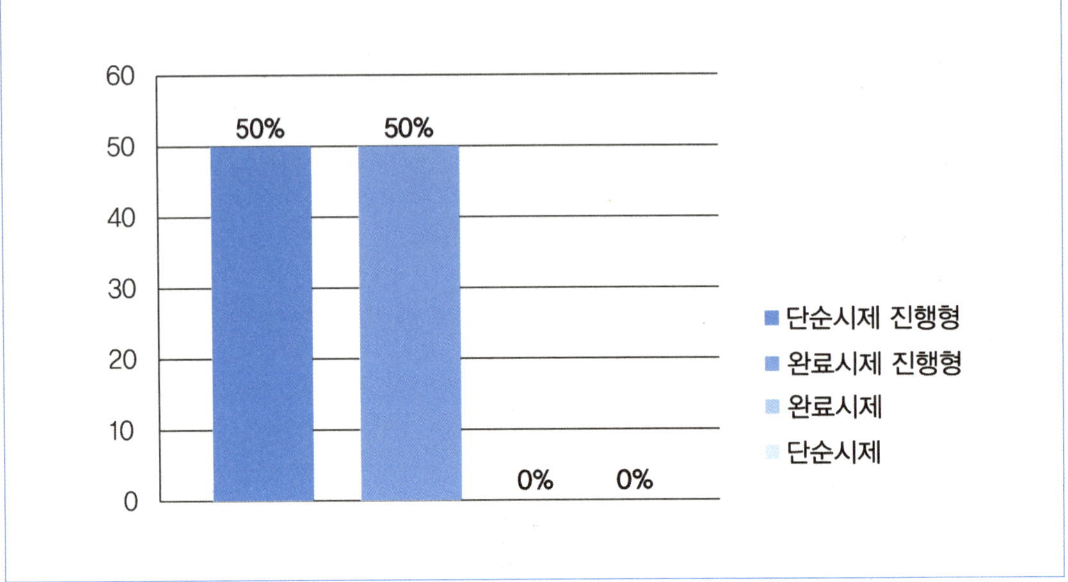

문법파트에서 가장 높은 출제율을 자랑하는 시제-
완료시제, 단순시제는 참고용으로만 익혀두고 진행형에 중점을 두어 익히도록 하자.
진행형의 정답률이 훨씬 높다.

단순진행형에서 3문제
완료진행형에서 3문제 총 6문제가 출제되며

단순진행형	완료진행형
현재진행형 정답 1문제 과거진행형 정답 1문제 미래진행형 정답 1문제	현재완료진행형 정답 1문제 과거완료진행형 정답 1문제 미래완료진행형 정답 1문제

이렇게 각각의 진행형이 1문제씩 정답으로 출제되는 경향이므로 시제 문제의 경우 각각의 진행형으로 총 6개 정답으로 골랐는지 확인 할 것!

[01] 단순시제 진행형

현재진행	be동사의 현재 (am/is/are) + V-ing
과거진행	be동사의 과거 (was/were) + V-ing
미래진행	will be + V-ing

① 현재진행

현재 시점에서 진행 중인 동작을 나타냄

정답의 단서

문제 내에 현재를 나타내는 시간부사
now, right now, today, recently, these days, nowadays, at the moment, as of the moment 등이 보인다면 바로 박스! ! 최근 추세 currently
정답은 현재진행형이다.

최근 기출표현

as of this moment: 이 순간, 지금 순간부터
as of now: 현재로서는, 아직까지는
as of today: 오늘부로
정답은 현재진행형이다.

- My mother is cooking my favorite meal right now.
  우리 엄마는 내가 제일 좋아하는 요리를 하고 있는 중 이셔.

- It is raining outside now.
  지금 밖에 비가 내리고 있어.

- June is changing her clothes at the moment.
  준은 지금 옷을 갈아입고 있어.

- Recently, I'm eating so much junk food.
  최근 들어 나는 너무 많은 불량식품을 먹고 있다.

❷ 과거진행

과거의 특정 시점에서 진행 중이었던 동작을 나타냄

정답의 단서

문제 내에 과거를 나타내는 시간부사
yesterday, 시간표현 + ago, last (요일, week, month, year),
in + 과거시점 (예: in 2009), those days, once 등이 보인다면 바로 박스!
정답은 **과거진행형**이다.

• My brother was watching a movie when I came back home yesterday.
내가 어제 집에 왔을 때 오빠는 영화를 보고 있던 중이었다.

• Tony dropped his book while he was getting into a taxi last Monday.
지난 월요일에 택시를 타던 중에 Tony는 책을 떨어뜨렸다.

• I was studying for the final exam when Mike called 3 hours ago.
3시간 전 마이크가 전화했을 때 나는 기말고사를 위해 공부 중이었다.

• She was having a glass of wine when I visited her last weekend.
내가 지난 주말에 그녀를 방문했을 때 그녀는 와인을 한잔 하고 있던 중이었다.

매 시험마다 빠지지 않고 출제되는 과거진행형 문제유형-
문제 내에 when + 주어 + 단순과거형이 보인다면 정답은 **과거진행형**이다.
꼭 익혀두도록 한다.

과거진행형이 단순과거형보다 행동이나 동작이 더 오래 지속되었음을 나타낸다.

③ 미래진행

특정한 미래 시점에 일어날 이미 계획된 동작이나 상황을 나타냄(특정 미래 시점과 함께 쓰임)

정답의 단서

문제 내에 미래를 나타내는 시간부사
soon, as soon as, as planned, next, by next week, this 요일,
this weekend, this coming 등이 보이면 미래진행형이 정답이다.

⊕ 신규추가 starting, this continues or another week

보기 내에 단순미래시제와 미래진행형이 보인다면 미래진행형을 고르도록 하자.
정답일 확률이 더 높다!

- Alice will be having dinner with Jason this Saturday evening.
  앨리스는 제이슨과 이번 토요일 저녁에 저녁을 먹고 있는 중일 것이다.

- He will be joining you in half an hour.
  그는 30분 후에 너와 함께 할 것이다.

- They will be staying at the hotel starting next Monday.
  그들은 다음 주 월요일부터 그 호텔에 머무를 것이다.

- I will be waiting for you at the airport this coming weekend.
  나는 이번 주말에 공항에서 당신을 기다리고 있을 것이다.

when 또는 as, until등 시간부사로 시작되는 절에 단순현재시제가 보이고 빈칸이 보인다면 미래진행형이 정답이다.

ex) Alice knows that when she returns from work tonight, her two sons will be waiting to greet her at the gate.
Alice는 그녀가 오늘밤 퇴근 후 집으로 돌아오면, 그녀의 두 아들들이 대문에서 그녀를 맞이하기 위해 기다리고 있을 것이라는 것을 알고 있다.

기출변형

Dave had an invitation by Amy to watch Hamilton -the Musical with her tomorrow night. After he agreed to watch the show, he received a call that his grandmother was in a traffic accident. This evening, instead of going to the show he __________ to the hospital to visit his grandmother.

(a) has been driving
(b) had been driving
(c) will have driven
(d) will be driving

정답 (d)

[02] 완료시제 진행형

완료시제 진행형이란? 특정 시점에 시작한 동작이 기준 시점까지 계속 진행됨을 나타낸다.

현재완료진행	have (has) + been + V-ing
과거완료진행	had + been + V-ing
미래완료진행	will have + been + V-ing

❶ 현재완료진행

과거에 시작한 동작이 현재까지 진행되고 있을 때

- Ian has been working on the project for three weeks now.
  이안은 그 프로젝트를 해오고 있는 중이다. / 지금 3주째
  (3주 전에 프로젝트를 시작하여 지금까지 하고 있는 중)

- The contest has been running every year since 2019.
  그 대회는 매해 개최되고 있는 중이다. / 2019년 이래로
  (2019년부터 현재에도 개최되고 있는 중)

- I have been waiting for you for ten years.
  나는 너를 기다리고 있는 중이야. / 10년간
  (10년 전부터 현재에도 기다리고 있는 중)

- Brian has been working as a fashion designer since May.
  Brian은 패션 디자이너로 일해 오고 있는 중이다. / 5월 이래로
  (5월 이래로 현재에도 디자이너로 근무하고 있는 중)

빈칸 앞뒤로 문장 내에 for 이나 since가 보인다면 보기 중에서 been이 들어간 것이 정답이다.

기출변형

The first Star Wars film came out in 1977. Josh ______________ memorabilia since the movie came out and soon his collection will outgrow his house.

(a) will be collecting
(b) has been collecting
(c) will have been collecting
(d) is collecting

정답 (b)

2 과거완료진행

과거에 시작한 동작이 특정한 과거 시점까지 계속되고 있을 때

- Joey had been suffering from flu for a week when he was interviewed.
  조이는 독감을 일주일 동안 앓고 있던 중이었다. / 그가 면접을 보았을 때
  ※ 면접을 본 것 ⇒ 과거 시점
  면접 전부터 면접까지 일주일동안 계속 독감을 앓고 있는 중이었음 ⇒ 과거완료진행

- He had been playing video games for five hours when I came home.
  그는 다섯 시간 동안 오락을 하고 있던 중이었다. / 내가 집에 왔을 때
  ※ 내가 집에 온 것 ⇒ 과거 시점
  내가 집에 오기 전부터 다섯 시간 동안 계속 오락을 하고 있는 중이었음 ⇒ 과거완료진행

3 미래완료진행

미래의 특정한 시점까지 동작이 계속됨을 나타내며, 주로 미래를 나타내는 표현과 함께 (for + 기간)이 쓰임

- This coming Monday, my parents will have been living in this house for 30 years.
  돌아오는 월요일이면 부모님께서 30년 동안 계속해서 이 집에서 거주하고 계시는 중일 것이다.

• Next month, I will have been working in the company for 10 years.
다음 달이면 나는 10년 동안 계속해서 이 회사에서 근무하고 있는 중일 것이다.

• By the time you come home, I will have been cooking for 3 hours.
네가 집에 올 즈음이면 나는 3시간째 계속해서 요리를 하고 있는 중일 것이다.

문제 내에 by the time, by that time이 보인다면 보기 중에 will을 찾고 since 또는 for이 보인다면 박스!
보기 중에 been이 들어간 것이 정답이다!

[03] 완료시제

기준이 되는 시점보다 이전에 일어난 일이 기준 시점까지 영향을 미치는 것으로서 단순시제와 마찬가지로 세 가지 시제가 있다.

현재완료	have (has) p.p.
과거완료	had p.p.
미래완료	will have p.p.

※ 현재완료를 쓸 경우 주어가 3인칭 단수이면 has를 쓸 것!

① 현재완료

과거에 일어난 일이 현재까지 영향을 미치고 있을 때 완료, 경험, 계속, 결과로 해석됨

- Edward has just finished writing his book.
  에드워드는 책 집필을 막 끝마쳤다. (완료)

- I have watched the movie three times already.
  나는 벌써 그 영화를 세 번이나 보았다. (경험)

- Jack has lived in Korea since 2019.
  Jack은 2019년 이래로 계속 한국에 살고 있다. (계속)

- I have lost my passport.
  나는 나의 여권을 잃어버렸다. (결과)

완료시제에서 완료, 경험, 계속, 결과로 분류하는 것은 시험에 출제되지 않으므로 해석할 때 참고로만 알아두도록 하자.

2 과거완료

과거를 기준으로 해서 그것보다 더 이전에 일어난 일을 말할 때

- The rich business man bought my painting that I had painted.
  그 부유한 사업가는 내가 그렸던 그림을 구입했다.
  (그림을 그린 것이 그림을 산 것보다 더 이전에 일어난 일)

- The player had injured his leg, and he couldn't join.
  그 선수는 다리에 부상을 당해서 합류하지 못했다.
  (선수가 부상을 당했던 것이 합류를 못한 일보다 더 이전에 일어난 일)

3 미래완료

미래의 어떤 시점을 기준으로 그때까지의 동작 또는 상태를 나타내며, 완료, 경험, 계속, 결과로 해석되고 주로 「by + 미래시점」과 함께 자주 쓰임

- I will have cleaned the house by the time you get home.
  나는 집 청소를 끝마칠 것이다. / 네가 집에 도착할 즈음에

- He will have finished the work by next month.
  그는 그 일을 마치게 될 것이다. / 다음 달까지

[04] 단순시제

주어의 동작 또는 상태 등이 동사의 변형을 통해 표현되는 것으로서, 단순시제에는 현재, 과거, 미래시제가 있다. 시제 중 제일 기본이 되는 형태로서 단순시제는 점과 선 중에 점과 같다.
다른 시제들과 이어지는 것이 없고 딱! 그 시점만 해당된다.

① 현재시제

주어의 일반적 사실, 진리, 습관, 직업

- The Earth circles the Sun.
  지구는 태양 주변을 돈다. (진리)

- He always gets up at 6:00 a.m. to go to work.
  그는 항상 6시에 일어난다. / 일하러 가기 위해 (습관)

② 과거시제

과거에 일어났던 일, 과거의 상태, 역사적 사건

- Jane left just a few minutes ago.
  Jane은 떠났다. / 몇 분 전에 (과거에 일어났던 일)

- Christopher Columbus discovered America in 1492.
  Christopher Columbus는 미 대륙을 발견했다. / 1492년에 (역사적 사건)

과거의 특정 시점에 일어난 일은 단순 과거시제를 사용해야 한다.
과거완료 또는 과거완료진행 시제는 사용할 수 없다.

❸ 미래시제

미래에 할 일, 예상되는 일, 미래의 상태

조동사 will + 동사원형	~할 것이다, ~일 것이다
be going to + 동사원형	~할 것이다, ~할 작정이다
be about to + 동사원형	~할 예정이다, 막 ~하려고 하다

- My team will leave for a business trip to France tomorrow.
  우리 팀은 내일 프랑스로 출장을 떠날 것이다.

- The company is going to start a new project next week.
  그 회사는 다음 주에 새로운 프로젝트를 시작할 것이다.

- The movie is about to start soon.
  영화가 이제 곧 시작하려고 해.

Signature
지텔프
65점 대비
실전 영문법
65

UNIT : 02 가정법

UNIT : 02

가정법

출제율

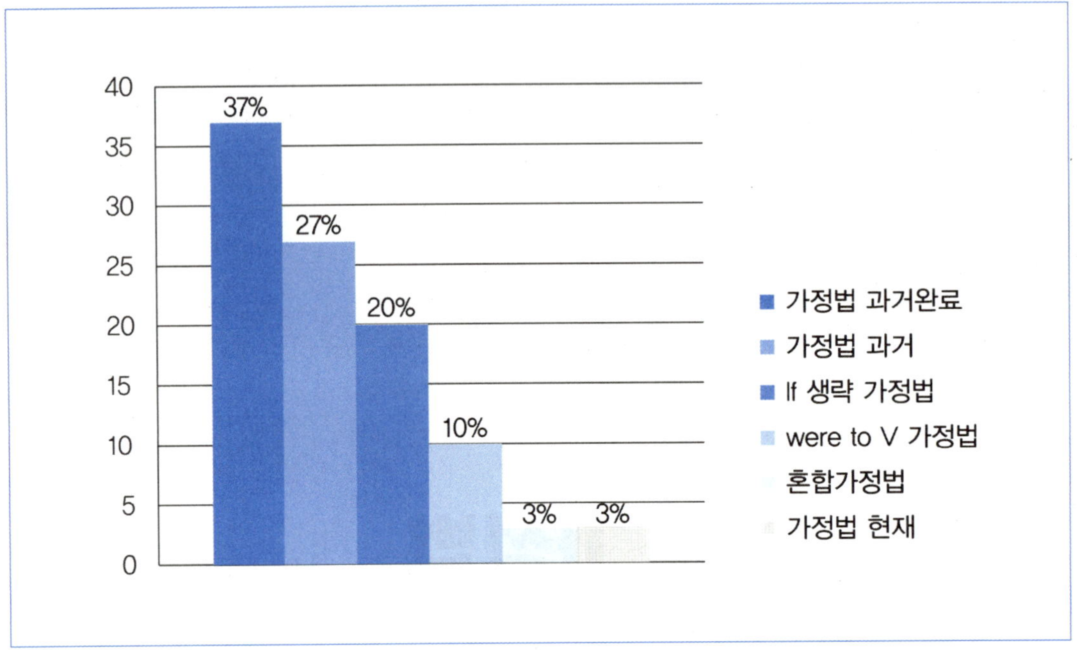

문법 파트에서 시제와 마찬가지로 가장 높은 출제율을 자랑하는 가정법 파트-
최근 기출 추세는 if생략 가정법과 were to가정법 문제 유형의 출제율이 높아지고 있다.

[01] 가정법 과거완료 ★★★★★

가정법 과거완료는 과거 사실과 반대되는 상황을 가정할 때 쓰는 표현으로 해석은 '만약 …였다면/했다면 ~했을 텐데'라고 하며, 기본형은 다음과 같다.

If + S + 과거완료 (had p.p.) ~, S + 조동사 과거형 + (have p.p.) ~.

※ 시제는 과거완료이지만 해석은 과거시제로 할 것!

- If he had studied harder, he could have gotten better grades.
  만약 그가 공부를 더 열심히 했었다면, / 더 나은 성적을 받을수 있었을 텐데.
  (사실 ⇒ 과거에 그는 공부를 덜 열심히 했음)

- If it had not rained yesterday, I would have eaten out.
  만약 어제 비가 안 왔더라면, / 외식을 했을 텐데.
  (사실 ⇒ 어제 비가 왔음)

- If you had finished your homework early, you could have had time to rest.
  만약 네가 일찍 숙제를 끝냈었더라면, / 쉴 수 있는 시간이 있었을 텐데.
  (사실 ⇒ 과거에 숙제를 끝내지 않았음)

기출변형

The film 2001: A Space Odyssey, was written from writings of Arthur Clark. He had written over 100 books. If the film's notoriety had not overshadowed the other books, Clark likely ________________ his feelings about the movie.

(a) would not have harbored
(b) will not have harbored
(c) would not harbor
(d) had not harbored

정답 (a)

[02] 가정법 과거 ★★★★

가정법 과거는 현재 사실과 반대되는 상황을 가정할 때 쓰는 표현으로 해석은 '만약 …라면 ~할 텐데' 라고 하며, 기본형은 다음과 같다.

If + S + 동사 과거형 (be동사는 were) ~,
S + 조동사 과거형 (would, could, might) + 동사원형 ~.

※ 가정법 조건절(if절)에서 be동사는 인칭에 상관없이 were임에 주의할 것!
※ 시제는 과거이지만 해석은 현재시제로 할 것!

- If he had enough money, he could buy an apartment in Seoul.
  만약 그에게 충분한 돈이 있다면, / 그는 서울에 아파트를 살 수 있을 텐데.
  (사실 ⇒ 현재 그는 충분한 돈이 없음)

- If I were you, I would not make that decision.
  만약 내가 너라면, / 그런 결정을 내리지 않을 텐데.
  (사실 ⇒ 현재 나는 '너'가 아님)

- If she had a car, she could drive her friend home.
  만약 그녀가 차가 있다면, / 그녀의 친구를 집에 데려 다 줄 수 있을 텐데.
  (사실 ⇒ 현재 그녀는 차가 없음)

[03] if생략 가정법 ★★

if생략 가정법은 가정법 과거와 가정법 과거완료에서 if가 생략될 경우 주어와 동사가 도치되는 경우를 말한다. 해석은 도치되지 않을 경우와 동일하다.

were가 쓰인 가정법 과거: Were + 주어 ~, 주어 + 조동사 과거형 + 동사원형….
가정법 과거완료: Had + 주어 + p.p. ~, 주어 + 조동사 과거형 + have + p.p. ….

• If it were not for your help, I could not do the work.
= Were it not for your help, I could not do the work.
너의 도움이 없다면 나는 그 일을 할 수 없을 것이다.

* 문장 앞에 were가 보인다면 가정법 과거임을 알고 정답으로 보기에서 조동사 과거형 + 동사원형을 골라야한다.

• If it had not been for your kindness, I would have been lost.
= Had it not been for your kindness, I would have been lost.
너의 친절함이 아니었다면, 나는 길을 잃었을 것이다.

* 문장 앞에 had가 보인다면 가정법 과거완료임을 알고 정답으로 보기에서 조동사 과거형 + have + p.p.를 골라야 한다.

If생략 가정법 문제가 최근 출제율이 높아지고 있다.
문장 앞에 were가 보인다면 정답은 조동사 과거형 + 동사원형
had가 보인다면 조동사 과거형 + have + p.p.를 정답으로 고르자!

Kenneth Shinozuka is the inventor of the pressure sock. It was first invented to alarm caretakers that his grandfather was out of bed. Had Shonozuka's grandfather not taken ill, he ______________ the sock that alerts Alzheimer caregivers that the patient is moving.

(a) might not develop

(b) might not have developed

(c) will not have developed

(d) had not developed

정답 (b)

[04] were toV 가정법(가정법 미래) ★★★

미래 가정법이라고도 불리는 were toV 가정법은 미래에 대한 불확실한 가정이나 일어날 가능성이 희박한 일을 나타낼 때 사용된다. 해석은 가정법 과거와 동일하다.

If + S + were toV ~, S + 조동사 과거형 (would, could, might) + 동사원형 ~.

- If you were to born again, what would you do first?
  만약 네가 다시 태어난다면, 무엇을 제일 먼저 할 거니?
  * 미래에 다시 태어날 가능성이 희박한 일에 대해 말하고 있다.

- If that were to happen, thousands of people could die.
  만약 그런 일이 벌어진다면, 수천 명의 사람들이 죽을 수 도 있을 텐데.
  * 일어날 가능성이 희박한 일에 대해 말하고 있다.

- If the Sun were to rise in the west, she would change her mind.
  만약 태양이 서쪽에서 떠오른다면, 그녀는 그녀의 마음을 바꿀 텐데.
  * 태양이 서쪽에서 떠오를 가능성은 희박하다. 그러므로 그녀가 마음을 바꿀 가능성도 희박하다.

- If you were to change your job, what would you choose?
  만약 네가 직업을 바꾼다면, 무엇을 선택할 거니?
  * 직업을 바꿀 가능성은 희박하다.

기출변형

Almost half of Americans believe in UFO's. People are fascinated with extraterrestrial life and possible contact with aliens. If someone were to discover that an UFO has landed nearby, I ______________ over there immediately and attempt to talk with the aliens.

(a) will head
(b) have headed
(c) would have headed
(d) would head

정답 (d)

[05] 혼합 가정법

If절은 가정법 과거완료, 주절은 가정법 과거 형태이다.
가정법 구문에서 주절과 If절의 시제가 일치하지 않는 경우를 말한다.
과거의 사실이 현재까지 이어질 때 사용된다.
혼합 가정법에서는 부사(today, now, by now등)를 보통 단서로 제공한다.

If+S+had+p.p. [가정법 과거완료] ~, S+조동사 과거형 would/could/might+동사원형 [가정법 과거] 과거에 ~이었더라면/~했더라면, 현재에 ~일 텐데/할 텐데

- If I had taken your advice then, I would be a doctor now.
  (=As I did not take your advice then, I am not a doctor now.)
  만약 내가 그때 너의 충고를 받아들였다면, 나는 지금 의사가 되었을 텐데.
  (내가 그때 너의 충고를 받아들이지 않았기 때문에 지금 의사가 아니다.)

- If my husband had finished his project last night, he would go to his favorite gym today.
  (=As he did not finish his project last night, he cannot go to his favorite gym today.)
  만약 내 남편이 어젯밤 그의 프로젝트를 마쳤다면, 그는 오늘 그가 가장 좋아하는 체육관에 갈 텐데.
  (어젯밤에 프로젝트를 마치지 않아서 오늘 체육관에 갈수가 없다.)

[06] 가정법 현재 ★

가정법 현재는 미래에 일어날 수도 있는 상황을 예측, 가정하거나 상상하여 말하는 문장을 말한다. (가정법 과거와 해석은 둘 다 현재이나 차이점은 실현 가능성의 유무이다.)

If + S + 동사 현재형 ~, S + 조동사 현재형 (will, should, may, can) + 동사원형 ~.

- If he cooks very well, he will be hired by them.
  그가 만약 요리를 굉장히 잘한다면 / 그는 그들에 의해 채용되어질 텐데.

- If I do my homework now, I can enjoy my hobby tonight.
  내가 지금 내 과제물을 한다면 / 오늘 밤 내 취미를 즐길 수 있을 것이다.
  (실현이 가능한 미래)

Signature
지텔프
65
65점 대비
실전 영문법

UNIT : 03

준동사

UNIT : 03

준동사

출제율

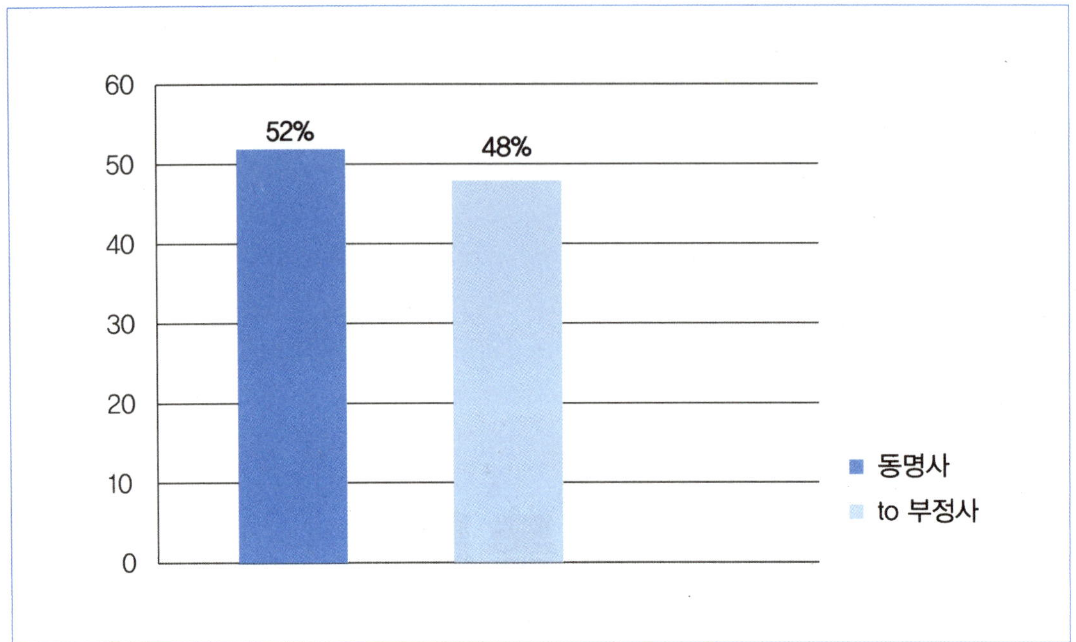

[01] 동명사

동명사란?

동사의 성질을 가지고 있지만 동사와는 달리 명사처럼 쓰이는 것을 말한다.

기본형: **동사원형 + ~ing**
부정형: **not + 동사원형 + ~ing**

1 동명사의 기능

동명사는 명사와 같은 성질을 가지므로 명사와 마찬가지로 주어, 목적어, 보어의 역할을 하며, '~하는 것, ~하기' 등으로 해석된다.

- Making a true friend is not easy. (주어 역할)
  진정한 친구를 사귀는 것은 쉽지 않다.

- They finished answering the questions on the issue. (목적어 역할)
  그들은 질문에 답하는 것을 마쳤다. / 그 사건에 대해

- My purpose of life is not just making money. (보어 역할)
  나의 삶의 목적은 단지 돈을 버는 것만은 아니다.

- I'm looking forward to seeing you again. (전치사의 목적어 역할)
  나는 기대하겠습니다. / 당신을 다시 보기를

❷ 동명사의 시제

(1) 단순형 '동사원형 + ~ing'의 시제

→ 일반적으로 문장의 동사와 같은 시점을 나타낸다.

• She is ashamed of being poor.
그녀는 가난한 것이 부끄럽다.
(= She is ashamed that she is poor.)

• Nick was proud of his mother's being a great doctor.
Nick은 자랑스러워했다. / 그의 엄마가 훌륭한 의사라는 것을
(= Nick was proud that his mother was a great doctor.)

(2) 완료형 'having + p.p.'의 시제

→ 일반적으로 동명사가 나타내는 시간이 문장의 동사보다 한 시제 앞설 때 (더 과거의 일을 나타낼 때) 완료동명사를 쓴다.

• She is ashamed of having been poor.
그녀는 가난했던 것이 부끄럽다.
(= She is ashamed that she was poor.)

• Nick was proud of his mother's having been a great doctor.
Nick은 자랑스러워했다. / 그의 엄마가 훌륭한 의사였던 것을
(= Nick was proud that his mother had been a great doctor.)

❸ 동명사를 사용한 관용구문

stay (keep) away from (최근 기출)	+ 동명사 '~ing'	~으로부터 멀리하다, 피하다
on		~하자마자
be worth		~할 가치가 있다
cannot help (최근 기출)		~하지 않을 수 없다
keep (on)		계속해서 ~하다
be busy (in)		~하느라 바쁘다
have trouble (difficulty) (최근 기출)		~하는 데 어려움을 겪다
spend 시간, 돈 (on)		~에 시간(돈)을 쓰다
look forward to		~하기를 기대(고대)하다
be(get) used to		~하는 데 익숙해지다
make a point of		~하는 것을 습관으로 하고 있다
object to		~을 반대하다

※ 최신 기출: confess to Ving: 동명사 하는 것을 고백(자백) 하다

- He finally confessed to robbing the store last Friday.
  그는 마침내 지난 금요일에 그 상점을 털었다고 자백했다.

- On seeing him, she fell in love with him.
  그를 보자마자, 그녀는 그와 사랑에 빠졌다.

- I had difficulty (in) finding a replacement for Mr. Kim.
  나는 어려움을 겪었다. / Mr. Kim의 후임자를 찾는 데

- What he told me was so funny that I couldn't help laughing.
  그가 내게 말했던 것이 너무 재미있어서 웃지 않을 수가 없었다.

- I look forward to seeing you again in good health.
  저는 기대합니다. / 당신을 다시 보기를 / 건강한 모습으로

최근 G-TELP 시험에 동명사를 이용한 관용적 표현들이 시험문제로 출제되고 있다.
신경향이므로 꼭 익혀두도록 한다.

[02] to부정사

부정사란?

동사의 성질을 가지면서 문장 안에서 명사, 형용사, 부사처럼 쓰이는 것을 말한다.
크게 to부정사와 원형부정사로 나뉜다.

to부정사의 기본형은 아래와 같다.

기본형: to + 동사원형
부정형: not (또는 never) + to + 동사원형

1 to부정사의 명사적 용법

명사처럼 주어, 목적어, 보어로 쓰이며 '~하기, ~하는 것'으로 해석된다.

- To speak confidently in front of audience is not easy to do. (주어 역할)
  관중들 앞에서 자신감 있게 말하는 것은 하기 쉬운 일이 아니다.

- I want to meet you at the meeting next week. (목적어 역할)
  나는 원한다. / 너를 만나기를 / 다음 주 회의에서

- Their goal is to reduce greenhouse gas emission. (보어 역할)
  그들의 목표는 온실가스 배출을 줄이는 것이다.

to부정사가 주어로 쓰여 주어가 길어지는 경우 가주어 it을 사용하여 문장의 균형을 맞춰주기도 한다.

It(가주어) + be동사 + 형용사 + to부정사(진주어)

- It is impossible to deliver the product ahead of schedule.
  불가능합니다. / 그 제품을 배송하는 것은 / 일정보다 앞서서

to부정사가 목적어로 쓰여 목적어가 길어지는 경우 가목적어 it을 사용하여 문장의 균형을 맞추기도 한다.

make, find, keep, consider 등 + it(가목적어) + 목적격 보어 + to부정사(진목적어)

- I consider it polite to listen to others well when they speak.
  나는 생각한다. / 예의 바르다고 / 다른 사람들을 잘 경청하는 것이 / 그들이 말할 때

2 to부정사의 형용사적 용법

문장에서 보어로 쓰이거나 또는 앞의 명사를 수식하여 '~할, ~하는'으로 해석된다.

- There are many places to visit in Korea. (명사 수식)
  많은 장소들이 있다. / 방문할 / 한국에는

to부정사가 명사를 수식할 때 to부정사는 명사 뒤에서 수식한다.
- It is time (the best time) + to부정사
  '~to부정사 할 시간이다'의 의미로 time 뒤에 빈칸이 있다면 to부정사가 정답이다.

3 to부정사의 부사적 용법

목적, 원인, 이유, 결과 등의 의미로 해석된다.

- He woke up early not to be late for the train. (목적)
  그는 일찍 일어났다. / 늦지 않기 위해 / 기차 시간에

- I am so glad to meet you. (원인)
  나는 참 기쁩니다. / 당신을 만나게 되어

- They cannot be your friend to do so. (이유)
  그들이 너의 친구일 리 없어. / 그렇게 하다니

- The little boy grew up to become a doctor. (결과)
  어린 소년은 자라서 의사가 되었다.

- to부정사의 부사적 용법 중에서 목적과 감정의 원인이 출제된다.
  완전한 문장 다음에 빈칸이 있거나 감정을 나타내는 형용사 (또는 의문사) 뒤에 빈칸이 있다면 정답은 to부정사이다!

to부정사가 쓰인 관용어구로 자주 쓰이는 두 가지 표현을 알아두자.

too + 형용사(부사) + to V ⇒ 너무 …해서 ~할 수 없다
형용사(부사) + enough + to V ⇒ ~할 만큼 충분히 …하다

- The movie was too boring to watch the end.
  그 영화는 너무 지루해서 결말을 볼 수 없었다.

- She was warmhearted enough to help the poor in need.
  그녀는 도움이 필요한 가난한 사람들을 도울 만큼 충분히 마음이 따뜻했다.

✔ 최근 기출표현

be hesitant toV: to부정사하는게 망설여진다.

- I am hesitant to leave my belongings here.
  나는 여기 내 소지품들을 놓아두고 가는게 망설여져.

4 to부정사의 시제

(1) 단순형 'to + 동사원형'의 시제

→ 일반적으로 문장의 동사와 같은 시점을 나타낸다.

• She seems to be exhausted.
그녀는 지쳐 보인다.
(= It seems that she is exhausted.)

• Their schedule seemed to be hectic.
그들의 스케줄은 매우 바빠 보였다.
(= It seemed that their schedule was hectic.)

(2) 완료형 'to + have p.p.'의 시제

→ 문장의 동사가 나타내는 때보다 더 이전의 시제를 나타낸다.

• She seems to have been exhausted.
그녀는 지쳤었던 것처럼 보인다.
(= It seems that she was exhausted.)

• Their schedule seemed to have been hectic.
그들의 스케줄은 매우 바빴던 것처럼 보였다.
(= It seemed that their schedule had been hectic.)

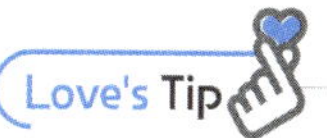

동명사와 to부정사의 시제를 익혀야 하는 이유는
보기에 시제가 섞여서 나오기 때문에 단순형태와 완료형태의 차이점을 알고 있어야 한다.

to부정사와 자주 쓰이는 5형식 문장의 수동태는 아래와 같다.

be forced to V	~하도록 강요되다	be encouraged to V	~하도록 장려되다
be allowed to V	~하도록 허락받다	be supposed to V	~하기로 되어 있다
be expected to V	~할 것으로 기대되다	be asked to V	~하도록 요청받다
be advised to V	~하도록 조언을 받다	be scheduled to V	~하도록 계획되다
be required to V	~하도록 요구되다	be pleased to V	~하게 되어 기쁘다

• 기타: to부정사가 들어간 필수 암기 구문- be eager toV ~to부정사 하기를 열망/갈망하다.

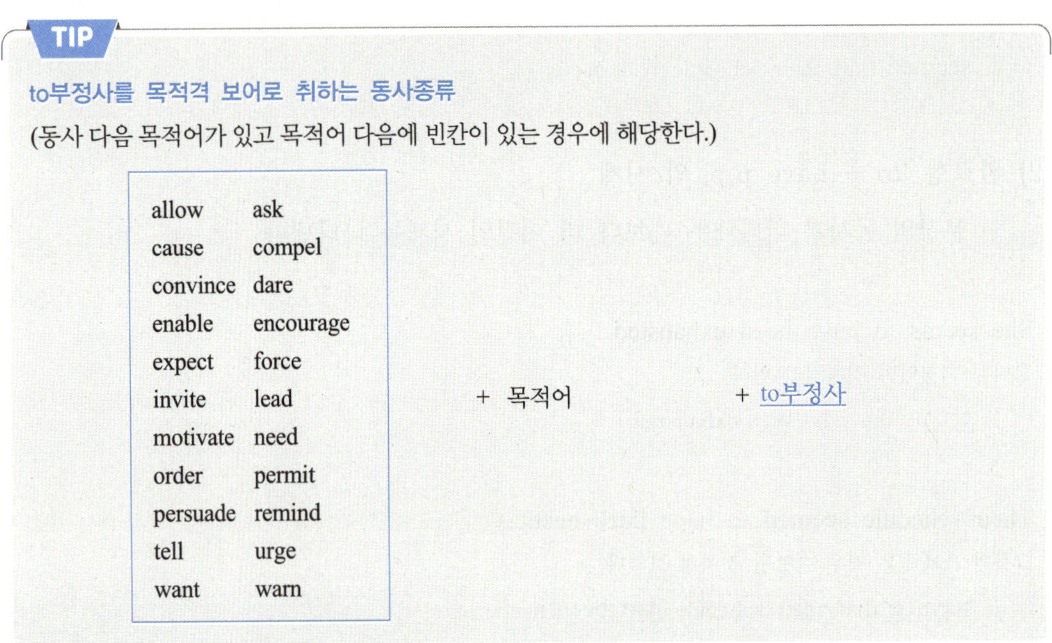

TIP

to부정사를 목적격 보어로 취하는 동사종류

(동사 다음 목적어가 있고 목적어 다음에 빈칸이 있는 경우에 해당한다.)

allow	ask
cause	compel
convince	dare
enable	encourage
expect	force
invite	lead
motivate	need
order	permit
persuade	remind
tell	urge
want	warn

+ 목적어 + to부정사

• 최근 시험에서 기출 된 to부정사가 목적격 보어로 쓰이는 경우 (중요!)

motivated him to write: 그에게 글을 쓰도록 동기를 부여했다.

motivate는 목적격 보어로 to부정사를 갖는다.

ordered her to produce: 그녀에게 제작하도록 명령을 내렸다.

order은 목적격 보어로 to부정사를 갖는다.

최신 기출 P트리오

promote, prompt, provoke 다음 목적어가 보이고 빈칸이 보인다면 to부정사가 정답이다!

기출변형

A person that works the nightshift will always have trouble sleeping during the day. Thus, it is important for nightshift workers _______________ their bedrooms with light blocking curtains and if you live in a noisy area a Sleep Machine will help block the outside noise.

(a) having set up
(b) to have set up
(c) to set up
(d) setting up

정답 (c)

5 의문사 + to부정사

what, how, where, when 등의 의문사에 to부정사가 붙은 형태로 주로 know, tell, ask 등의 목적어 (명사역할)로 쓰인다.

의문사+to부정사

I don't know what to do next.
나는 다음으로 무엇을 해야 할지 모르겠다.

My son asked me how to use the machine.
내 아들은 나에게 그 기계를 어떻게 사용하는지를 물어봤다.

※ 의문사 why는 to부정사와 함께 쓰이지 않는다. (I don't know why to leave. (X))

[03] 동명사와 to부정사를 목적어로 취하는 동사들

❶ 동명사만을 목적어로 취하는 동사 (시험 기출 동사)

동명사는 이미 실현되었거나 실현되고 있는 것을 표현하며, 일반적이고 객관적인 사실을 표현한다.

종류(각 동사 뒤에 ing를 붙여 소리 내어 반복적으로 읽을 것!)

a : acknowledge, admit, adopt, adore, advise, allow, anticipate, appreciate, associate, avoid
b : ban
c : carry on, celebrate, complete, conduct, contemplate, consider
d : declare, defer, delay, deny, describe, detest, discuss, dislike
e : endure, enjoy, escape, entail, evade, envision, experience
f : fancy, favor, finish
g : give up, go
I : imagine, include, involve
j : justify
k : keep (on)
m : mention, mind, miss
o : omit
p : permit, picture, postpone, practice, prohibit, promote, put off
q : quit
r : recall, recommend, regret, report, resent, resist, resume, risk
s : stand, suggest
t : tolerate
u : understand, used to

+ Ving

동명사를 목적어로 취하는 동사모음
본인이 외운 것을 떠올리면서 적어보세요!

a :
b :
c :
d :
e :
f :
g :
I :
j :
k :
m :
o :
p :
q :
r :
s :
t :
u :

동명사만을 목적어로 취하는 동사를 암기하는 또 다른 방법으로 종료/중단, 거부/회피, 제의/권고, 가상, 인정/부인 이렇게 5가지로 분류한다.
(밑에 나온 동사들은 최빈출 동사들이므로 반드시 암기하도록 한다!)

- 종료/중단: complete, discontinue, finish, postpone, quit, stop, give up
- 거부/회피: avoid, ban, detest, dislike, dread, mind, miss, resent
- 제의/권고: propose, advise, recommend, suggest, consider
- 가상: fancy, imagine, risk
- 인정/부인: admit, advocate, deny, justify

• 당위성 동사 중에 나왔던 3형제인
SAR형제- Suggest Advise Recommend
다음에 that이 보이지 않고 to부정사와 동명사가 보인다면 동명사가 정답이다!

• I suggested taking a direct flight to L.A. to my little sister.
나는 내 여동생에게 L.A.까지 직항을 탈 것을 제안했다.

• They admitted having done wrong.
그들은 잘못했다는 것을 시인했다.

• Susan finished reading the novel last night.
Susan은 소설 읽는 것을 마쳤다. / 어젯밤에

기출변형

Jim is writing an essay for his writing class about the world's longest pier. The pier is located in Progreso, Mexico. He just discussed ____________ the end of the pier after a very long four-mile walk.

(a) to have reached
(b) having reached
(c) reaching
(d) to reach

정답 ⓒ

Unit.4 조동사 이론편 당위성 동사 중에도 나올 예정인 3형제
SAR형제 - Suggest Advise Recommend
다음에 that이 보이지 않고 보기 중에 to부정사와 동명사가 보인다면 동명사가 정답이다!

② to부정사만을 목적어로 취하는 동사

to부정사는 아직 실현되지 않는 내용을 표현하며, 구체적인 사실과 주관적인 내용을 표현한다.

종류 (각 동사 뒤에 to를 붙여 소리 내어 반복적으로 읽을 것!)

a : afford, agree, appear, arrange, attempt
b : be determined
c : care, choose, claim, condescend, consent
d : dare, decide, decline, demand, deserve, desire
e : elect, endeavor, expect
f : fail
g : guarantee
h : happen, hesitate, hope, hurry
i : incline, intend
l : learn, long
m : make sure, manage, mean
n : need, no choice but
o : offer
p : plan, prepare, pretend
r : refuse, resolve
s : seek, strive, swear
t : take time, tend, threaten
u : undertake
v : volunteer, vow
w : wait, want, wish, would like, would love

+ to V

to부정사를 목적어로 취하는 동사모음
본인이 외운 것을 떠올리면서 적어보세요!

a :
b :
c :
d :
e :
f :
g :
h :
i :
l :
m :
n :
o :
p :
r :
s :
t :
u :
v :
w :

• She pretended to be asleep.
그녀는 잠든 척 했다.

• They refused to accept the revised policy.
그들은 개정된 정책을 수용하는 것을 거부했다.

박스 안의 동사들은 실제 시험에서 출제된 동사들이므로 필수로 암기하자!

③ 둘 다 목적어로 취할 수 있으나 의미가 달라지는 동사

(동명사는 과거의 일을 to부정사는 미래의 일을 나타낸다.)

forget stop regret remember try

- I remember buying the fruits in Taipei.
  나는 타이베이에서 그 과일들을 산 것을 기억해.

- I remember to buy the fruits in Taipei.
  나는 타이베이에서 그 과일들을 살 것을 기억해.

⇒ remember + 동명사: (과거의 사건을) 기억하다
⇒ remember + to부정사: (미래에 할 일을) 기억하다

TIP

최근 기출

- try + 동명사: 시험 삼아 동명사 해보다
- try + to부정사: to부정사 하려고 노력하다
- stop + 동명사: 동명사를 멈추다
- stop + to부정사: to부정사 하려고 멈추다

동명사 또는 to부정사만을 목적어로 갖는 동사 종류를 암기하기 위해서 나만의 짧은 문장들로 익히는 것도 좋은 방법이다.

ex) Do you mind opening the window?
I enjoy fishing.
I refused to smoke.
I decided to do that.
I gave up studying English.

Signature
지텔프
65점 대비
실전 영문법
65

UNIT : 04

조동사

UNIT : 04

조동사

조동사란?

문장의 본동사를 도와 특정한 의미를 나타내 주며, be동사와 일반 동사의 원형 앞에 위치한다.

조동사 + 동사원형

Love's Tip! 문맥상 알맞은 조동사를 찾는 문제 유형을 어렵게 생각하는 수험생들이 많으나 본 교재에서 다루는 조동사의 종류는 총9종이며 그 중에서 정답으로 출제율이 높은 조동사의 종류는 총4종류이다. 정답률이 높은 조동사를 우선적으로 빈칸에 대입해보자.

[01] should

1 기능

가벼운 의무 또는 상대방에게 충고나 제안을 말할 때 사용한다.

- We should recycle to protect the earth.
  우리는 지구를 보호하기 위해 재활용을 해야 한다. (의무)
- You speak so fast. You should slow down.
  너는 너무 빨리 말한다. 속도를 늦춰야만 해. (충고)
- My grandmother should take some medicine after every meal.
  우리 할머니는 매 식사 후에 약을 드셔야만 한다. (의무)

[02] can

1 기능

능력, 허락, 가능성, 부탁을 말할 때 사용한다. (조동사 can의 경우 다양하게 해석이 가능하므로 문맥을 잘 살피어야 한다.)

- Sean can speak more than four languages.
  션은 네 개 이상의 언어를 말할 수 있다. (능력)

- From now on, you can do what you want.
  지금부터 네가 원하는 것을 너는 할 수 있다. (허락)

- Did she win the first prize? It can't be!
  그녀가 1등을 했다고? 그럴 리가 없어! (강한 부정적 추측)

- Can you please drive me home?
  나를 집에까지 태워다 줄 수 있나요? (부탁)

[03] must

1 기능

꼭 해야만 하는 의무 또는 강한 추측을 말할 때 사용한다.

- You must be careful when you cross the street.
  너는 길을 건널 때 조심해야만 한다. (의무)

- Justin must complete the project by this weekend.
  저스틴은 이번 주말까지 그 프로젝트를 끝마쳐야 한다. (의무)

- He has been working all day. He must be tired.
  그는 하루 종일 일하고 있어. 그는 피곤함에 틀림없어. (강한 추측)

[04] will

❶ 기능

will은 미래의 의지, 계획 또는 미래에 대한 사실을 말할 때 사용한다.

1. ('의지'를 나타내어) …할 것이다
2. …일 것이다 (미래의 일에 대해 말하거나 예측할 때 씀)
3. 무엇을 해 달라는 부탁을 할 때 사용

• Jake will take the exam tomorrow.
제이크는 내일 시험을 치룰 것이다. (미래 계획)

• They will prepare for the reception tonight.
그들은 오늘 밤 환영연회를 준비 할 것이다. (미래 계획)

• I will settle down in the country after my retirement.
나는 은퇴 후에 시골에 정착할 것이다. (미래 의지)

• Will you make some coffee for me?
나에게 커피 좀 만들어 줄래요? (부탁)

[05] 기타 조동사

❶ could

(1) 기능

1. can의 과거형
2. 가능성을 나타낼 때 사용
3. 무엇을 해도 되는지 물어 볼 때 사용
4. 무엇을 해 달라고 정중히 부탁할 때 사용

- Lucas could ride the bike when he was five.
  루카스는 5살 때 자전거를 탈 수 있었다. (can의 과거형)

- This sailing could be dangerous.
  이번 항해는 위험할 수도 있다. (가능성)

- Could I borrow your handkerchief if you don't mind?
  괜찮으시다면, 제가 당신의 손수건을 빌릴 수 있을까요? (허락)

- Could you put the books on the desk?
  그 책들을 책상 위에 놓아줄 수 있나요? (부탁)

2 may

(1) 기능

약한 가능성 또는 추측, 허락을 말할 때 사용한다.

- It may rain this afternoon. You'd better take your umbrella with you.
  오늘 오후에 비가 올 수도 있어. / 우산을 가지고 가는 게 좋을 거야. (약한 추측)

- May I speak to Mr. Kim? It's something urgent.
  Mr. Kim과 통화할 수 있을까요? / 급한 일이에요. (허락)

3 might

(1) 기능

may보다 약한 가능성, 추측을 나타낸다.

- I might go to the Halloween party.
  나는 아마도 그 할로윈 파티에 갈 거야. (may보다 약한 가능성)

- She might be in her office now.
  그녀는 아마 지금 그녀의 사무실에 있을 거야. (약한 추측)

❹ would

(1) 기능

would는 실제가 아닌 상황이나 행동을 가정할 때와 본인의 의지, 과거의 불규칙적인 행동을 말할 때에도 사용한다.

• I would contact her if I had her number.
내가 그녀에게 연락할 텐데. / 그녀의 번호를 가지고 있다면. (가정)

• Mike was a considerate person. He would always take care of others first.
Mike는 사려 깊은 사람이었어. / 그는 항상 다른 사람을 먼저 돌봐주곤 했어. (과거의 행동)

❺ shall

(1) 기능

1. …일[할] 것이다
(주어 I와 we 뒤에 쓰여 미래에 대해 말하거나 미래를 예측함을 나타냄)
2. I와 we를 주어로 하는 의문문에서 제의・제안・조언・요청을 나타냄
3. 각오・명령・지시를 나타낼 때 씀

• This time next week, I shall be in Scotland.
다음 주 이때쯤 이면 난 스코틀랜드에 있을 것이다. (미래 예측)

• What shall we do this weekend?
우리 이번 주말에는 뭐 할까? (제안)

기출변형

As a parent you must set rules for your children. Jim's main rule is that each child had specific chores. Jim has always said as long as Jamie completed all his chores and homework assignments, he __________ go with his friends and play basketball at the park.

(a) could
(b) should
(c) might
(d) would

정답 (a)

[06] 당위절의 조동사 should 생략

주절에 요구, 주장, 제안, 동의, 명령 등과 같이 '~이/가 되어야만 한다'고 주장하는 의미의 동사, 형용사, 명사가 온다면 that절의 조동사 should를 생략해서 쓸 수 있다.

1 당위성 동사

주어 S	동사		
주어 S	제안 (suggest, propose, recommend, advise, desire)	that	주어 + (should 생략) + 동사원형
	요구 (ask, require, request, demand, claim)		
	명령 (order, command, instruct)		
	주장 (insist, urge, plead)		

※ 최근 기출 당위성 동사 - **agree (동의하다)**

- They have all agreed that they (should) relocate the office to Texas.
  그들은 모두 동의했다. / 그들의 사무실을 텍사스로 이전해야만 한다고

- My teacher demanded that I (should) apologize to him.
  나의 선생님은 요구했다. / 내가 그에게 사과해야만 한다고

- She suggested that he (should) buy the ticket in advance.
  그녀는 제안했다. / 그가 미리 그 티켓을 사야만 한다고

- The doctor recommended that I (should) be more careful when exercising.
  그 의사는 권고했다. / 내가 좀 더 조심해야만 한다고 / 운동할 때

- Bill advised that they (should) not destroy the project.
  빌은 조언했다. / 그들은 그 프로젝트를 망쳐서는 안 된다고

당위성 동사 중 가장 높은 출제율을 자랑하는 3형제를 SAR형제라 칭한다.
Suggest Advise Recommend
다음에 that이 보인다면 보기에서 동사원형이 정답이다!

❷ 당위성 형용사 + that + 주어 + (should) + 동사원형

- 바람직한: good, better, best, desirous, advisable
- 중요한: important, vital, crucial
- 필수적인: necessary, essential, critical, imperative
- 긴급한: urgent
- 의무적인: compulsory, mandatory, obligatory, required
- 당연한: natural

- It is imperative that he (should) fulfill the job.
  그가 그 업무를 완수하는 것은 필수적이다(중요하다).

- It is essential that she (should) not fail any courses.
  그녀가 어떤 과목도 낙제하지 않는 것은 필수적이다(중요하다).

- It is desirable that we (should) complete this project by this Friday.
  우리가 이 프로젝트를 이번 금요일까지 완성하는 것이 바람직하다.

최근 당위성 동사보다는 당위성 형용사의 출제율이 높아지고 있다.

최빈출 당위성 형용사 암기방법: : "이쿠 내 배만 봐"
이: essential 쿠: crucial 내: natural 배: better, best 만: mandatory 봐: vital

③ 당위성 명사

order, pressure, requirement, proposal, desire, recommendation, wish, decision, suggestion 등

- It is our suggestion that the project (should) be discontinued.
  그 프로젝트를 중지하자는 것이 우리의 제안이다.
- It was her order that the experiment (should) be re-conducted.
  그 실험은 다시 실행되어야 한다는 것이 그녀의 지시였다.

기출변형

Dave has always changed out his truck every year. His wife doesn't this practice is necessary at all. Moreover, she demands that he ______________ his current truck last a full 5 years before trading it in.

(a) will make
(b) has made
(c) is making
(d) make

정답 (d)

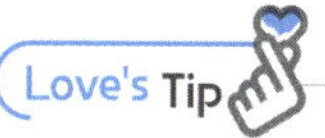

당위성 문제를 좀 더 손쉽게 풀 수 있는 방법
- 빈칸 앞에 주어, 그 앞에 that이 보인다면 보기에서 **동사원형**이 정답이다.

Signature
지텔프
65점 대비
실전 영문법
65

UNIT : 05

접속사 & 접속부사

UNIT : 05

접속사 & 접속부사

출제율

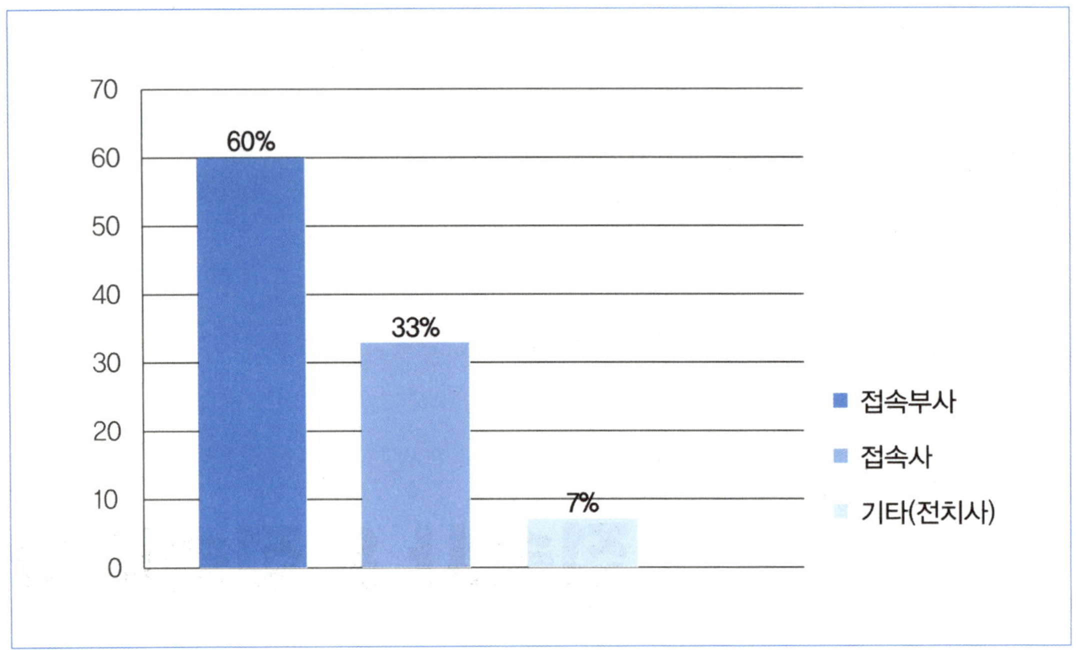

[01] 접속부사

접속부사란?

문장과 문장의 문맥을 연결하기 위해 쓰이는 부사로서 두 문장의 의미를 연결해 주는 역할을 한다. 접속사와 가장 큰 차이점은 접속사의 품사는 접속사이고 접속부사의 품사는 부사이다.

• There is little chance that we will succeed in changing the law.
  Nevertheless, it is important that we try.
  우리가 그 법률 개정에 성공할 가능성은 거의 없다. 그렇기는 해도 시도를 하는 것이 중요하다.
  (nevertheless: 그럼에도 불구하고)

• You can create a list of websites that are always viewable or never viewable regardless how they are rated.
  당신은 등급 지정에 관계없이 항상 볼 수 있거나 볼 수 없는 웹사이트 목록을 만들 수 있습니다.
  (regardless: ~관계/상관없이)

• She has to study for the exam. Furthermore, she has to care after her baby.
  그녀는 시험공부를 해야 한다. 게다가, 그녀는 아기도 봐야 한다.
  (Furthermore: 게다가)

접속부사의 종류

1. 결과		6. 양태	
accordingly	따라서	almost	거의
as a result	결과적으로	certainly	확실하게
consequently	결과적으로	equally	똑같이
hence	따라서, 그러므로	undoubtedly	확실하게
therefore	그러므로	uniquely	독특하게
thus	따라서	especially	특별하게
naturally	자연스럽게	**7. 역접**	
2. 대조		instead	대신에
contrarily	대조적으로	nevertheless	그럼에도 불구하고
conversely	반대로	rather	오히려
in contrast	대조적으로	however	그러나
contrarily	이에 반해	nonetheless	그렇기는 하지만
3. 부가, 추가		regardless	상관없이
additionally	게다가	**8. 재진술**	
besides	게다가	in fact	사실은
further	더욱이, 게다가	namely	다시 말하면
furthermore	더욱이, 뿐만 아니라	that is	즉
in addition	게다가, 덧붙여	again	다시
indeed	사실은	undoubtedly	의심 없이, 확실하게
moreover	게다가, 더욱이	**9. 조건**	
also	또한	otherwise	그렇지 않으면
4. 비유 · 비교		unless	~하지 않으면
comparatively	비교적	**10. 화제전환**	
in comparison	비교적	anyway	어쨌든
just as	마치 ~처럼	incidentally	그런데
likewise	마찬가지로	meanwhile	한편
similarly	유사하게	now	자, 그럼
5. 순서		by the way	그런데, 그나저나
finally	마침내, 마지막으로	**11. 예시 (추가)**	
next	다음은	for instance	예를 들어
then	그러고 나서	for example	예를 들어

TIP

최신 기출 접속부사

최근 G-TELP시험 문제에서 자주 출제되고 있는 접속사 & 접속부사 들이다. 꼭 암기해 두도록 하자!

that 패밀리

- given that: ~감안하면
- supposing that: ~라면 (= what if)
- assuming that: ~라고 가정하면
- provided that: 만일 ~이라면
- rather that: ~이기에 더더욱

- even so: 그렇기는 하지만
- whereas: ~하는 반면

- no matter how + 형용사: 아무리 형용사 할지라도

접속사 유형의 문제 중 빈칸 바로 다음이 **형용사**로 이어져 있다면 no matter how를 보기에서 찾는다.

ex) No matter how challenging(형용사) the situation is,
James is always the one we can count on.
아무리 힘든 상황일지라도, 제임스는 우리가 항상 기댈 수 있는 존재이다.

접속부사의 위치가 중요한 게 아니다.
위치는 참고로 알아 두도록 하고 문맥을 통해 접속부사가 어떠한 의미로 쓰였는지 유추해 내는 훈련을 해야만 한다.
접속부사의 종류는 셀 수 없을 만큼 다양하다. 평상시에 리스트를 작성하여 다양한 접속부사를 미리 익혀두는 것이 중요하다.

[02] 접속사

접속사란?

단어와 단어, 구와 구, 절과 절을 연결하는 역할을 한다. 크게 등위접속사와 종속접속사로 분류할 수 있다.

1 등위접속사

단어와 단어, 구와 구, 문장과 문장을 대등하게 연결하는 접속사로 and, but, or, so, for 등이 있다.

- Would you like some chicken or beef?
  닭고기 또는 소고기 좀 드시겠어요? (단어 – 단어)

- Their goal is not to refuse them but to accept them.
  그들의 목표는 그것들을 거부하는 것이 아니라 그것들을 수용하는 것이다. (구 – 구)

- It was so cold yesterday, so I stayed at home all day long.
  어제 너무 추웠어. 그래서 난 하루 종일 집에 있었어. (문장 - 문장)

2 종속접속사

부사절을 이끄는 접속사

시간	when, while, as, since, until, as soon as, before, after 등
이유, 원인	because, since, as, now that 등
조건	if, unless, once, in case, as long as, as far as 등
양보	though, although, even though, even if 등
결과	so ... (that) 등
목적	in order that, for fear that … should 등
비교	than, as 등

• Keep your mouth closed while you're eating.
입을 닫아라. / 네가 먹는 동안에 (시간)

• Don't do that unless you really want to.
그것을 하지 마라. / 네가 정말 하고 싶은 것이 아니라면 (조건)

• She studies hard in order that she can pass the exam.
그녀는 열심히 공부한다. / 그녀가 시험에 합격할 수 있도록 (목적)

• I love you more than he does.
나는 너를 더 사랑해. / 그가 너를 사랑하는 것보다 (비교)

• Even though he was born abroad, he can speak Korean well.
그가 외국에서 태어났음에도 불구하고, 그는 한국어를 잘한다. (양보)

• Now that I have so many things to do, I should prioritize things.
해야 할 일이 너무 많으므로 나는 우선순위를 정해야 한다. (이유)

기출변형

The other day at work, we had a Fourth of July BBQ. Every one of us brought a covered dish and Brad bought the hamburgers and hot dogs. ___________ it was a perfect event. Every one ate their fill and the leftovers were consumed over the following days.

(a) Instead
(b) Specifically
(c) Overall
(d) However

정답 (c)

[03] 기타(전치사)

전치사란?

명사(대명사)나 동명사 앞에 놓여 다른 명사나 대명사와의 관계를 나타내는 품사이다. 전치사 뒤에는 명사 또는 동명사밖에 위치하지 못한다.

전치사 + 명사 (대명사) or 동명사

despite: …임에도 불구하고 (전치사)

despite는 전치사임에도 불구하고 예외적으로 접속사 & 접속부사 문제에 출제가 되고 있으므로 필수적으로 익히고 가야 하는 단어이다.

문제를 풀 때 빈칸 뒤에 명사나 동명사가 위치하면 전치사를, 주어와 동사가 위치하면 접속사를 선택하도록 한다.

- Despite his old age, he is still very healthy and energetic. = 전치사
  그의 많은 나이에도 불구하고, 그는 여전히 매우 건강하고 힘이 넘친답니다.

- Despite his physical disability, Nicholas believes he can do anything he wants. = 전치사
  신체장애에도 불구하고, 니콜라스는 자신이 원하는 모든 일을 할 수 있다고 믿고 있습니다.

- Despite economic turmoil, shouldn't other nations also join in and help save lives? = 전치사
  경제적인 소동에도 불구하고 다른 나라들도 같이 합류해 생명을 구하는 데 도움을 주어야 하지 않을까?

ex) Although I (주어) prepared (동사) for the exam so hard, I couldn't pass it. = 접속사
나는 그 시험 준비를 정말 열심히 했음에도 불구하고 시험에 합격하지 못했다.

m·e·m·o

Signature

지텔프 65

65점 대비

실전 영문법

UNIT : 06

관계사

UNIT : 06

관계사

출제율

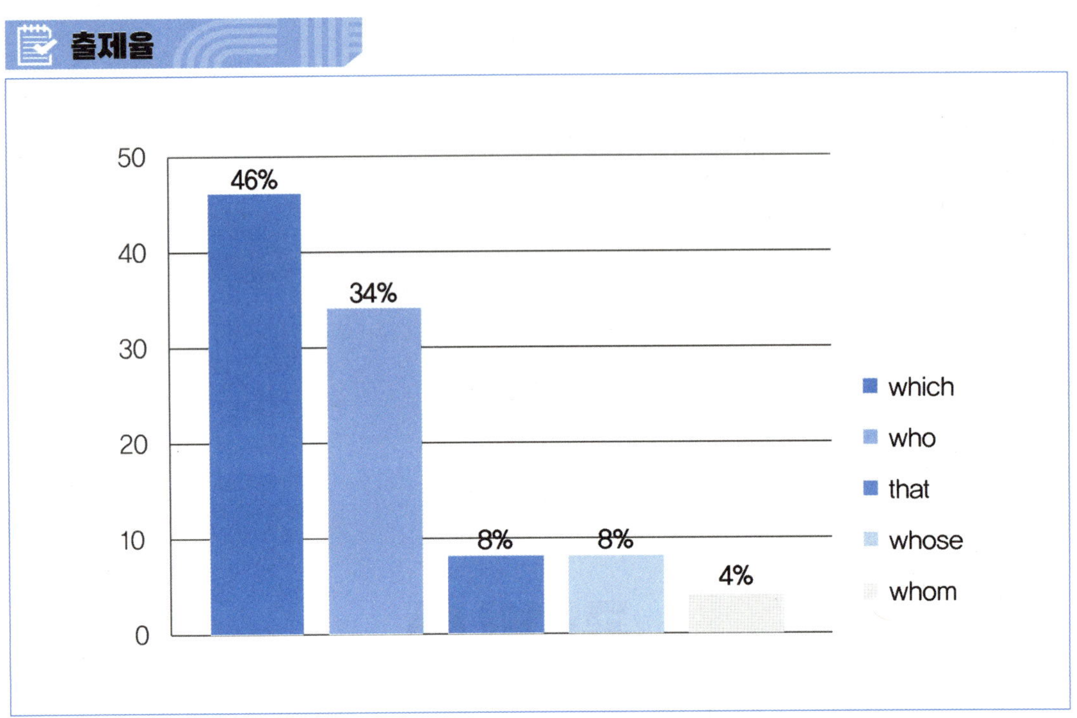

관계사란?

형용사 역할을 하는 종속절을 주절과 연결해주는 접속사를 말한다. 크게 관계대명사, 관계부사, 복합관계사로 나눌 수 있다.

[01] 관계대명사

관계대명사는 문장과 문장을 연결하는 접속사의 역할과 앞의 명사를 받는 대명사의 역할을 해준다.

관계대명사가 이끄는 절은 앞에 나오는 명사를 꾸며주는 형용사절이 되며, 형용사절의 꾸밈을 받는 명사를 선행사라고 한다.

| 관계대명사 정리표 |

선행사	주격	목적격	소유격
사람	who	whom	whose
사물/동물	which	which	whose
사람/사물/동물	that	that	–

TIP

관계대명사 어순

빈칸 다음에 무엇이 오는가를 유심히 봐야 한다.

- 주격: ______ + 동사
- 목적격: ______ + 주어 + 타동사 (be동사, 자동사 제외)
- 소유격: ______ + 명사 + 동사

1 형용사절의 꾸밈을 받는 명사 – 선행사

- I met a boy 〔 who can speak Korean and English. 〕

  (a boy ↑ 선행사, who ↑ 관계대명사)

  나는 만났다. 한 소년을 / 한국어와 영어를 말할 수 있는

- The book 〔 which I left on the desk 〕 has disappeared.

  (The book ↑ 선행사, which ↑ 관계대명사)

  그 책이 / 내가 책상 위에 두었던 / 사라졌다.

❷ 관계대명사 who – whom – whose (선행사가 사람일 때)

두 문장을 연결할 때, 선행사가 사람이고 관계대명사가 주어의 역할일 때 who, 목적어의 역할일 때 whom, 소유격의 역할일 때 whose를 사용한다.

- This book is about a girl who falls in love with a prince. (주격)
  이 책은 소녀에 대한 것이다. / 왕자와 사랑에 빠진

- Jim Carrey is an actor whom I like and admire. (목적격)
  Jim Carrey는 배우이다. / 내가 좋아하고 존경하는

- There is a man whose hair is blond. (소유격)
  한 남자가 있다. / 머리가 금발인

❸ 관계대명사 which – which – whose(of which) (선행사가 사물 또는 동물일 때)

두 문장을 연결할 때, 선행사가 사물 또는 동물이고 관계대명사가 주어의 역할을 하면 which, 목적어의 역할을 하면 which, 소유격의 역할을 하면 whose(또는 of which)를 사용한다.

- He bought a watch which is waterproof. (주격)
  그는 시계를 샀다. / 방수가 되는

- This is the book which I was looking for. (목적격)
  이것이 그 책이다. / 내가 찾고 있었던

- There is a house whose roof was damaged by heavy snow. (소유격)
  집이 있다. / 지붕이 부서진 / 폭설로 인해

④ 관계대명사 that

관계대명사 that은 선행사로 사람과 동물(또는 사물)이 같이 나온 경우 사용할 수 있다. 그리고 선행사가 형용사의 최상급, 서수, the only, all, any, every, the same, the very 등의 수식을 받을 때나 의문대명사 who로 시작하는 의문문에서는 관계대명사 that을 써야 한다.

• The man gave the poor boy all the money that he had.
(which ×)
그 남자는 불쌍한 소년에게 모든 돈을 주었다. / 그가 가졌던

• There are a boy and a cat that live in the small town.
(who × which ×)
소년과 고양이가 있다. / 그 작은 마을에 살고 있는

• Who is that woman that is crossing the road?
(who ×)
저 여자는 누구인가요? / 길을 건너고 있는

TIP

주의! 관계대명사 that은 콤마가 쓰이는 계속적 용법에는 사용할 수가 없다.

• He told me a story, that is about the queen. (×)
• He told me a story that is about the queen. (○)
• He told me a story, which is about the queen. (○)

5 선행사를 포함한 관계대명사 what

관계대명사 what은 선행사를 이미 포함하고 있기 때문에 what 앞에 따로 선행사가 나오지 않는다. 명사절을 이끌기 때문에 문장에서 주어, 목적어, 보어 역할을 한다.

• What made him upset was her bad attitude. (주어)
그를 화나게 만든 것은 / 그녀의 나쁜 태도였다.

• I am sorry for what I said to you yesterday. (목적어)
미안해. / 어제 내가 네게 말했던 것에 대해

• That is what I am saying. (보어)
그게 바로 내가 말하고 있는 거야.

기출변형

Hard boiled eggs can be hard to cook. Best way to cook these eggs are to steam them. These eggs are used in deviled eggs. The dish, ____________________ is called deviled because the stuffing could be made spicy.

(a) which is made of eggs steamed in hot water
(b) what is made of eggs steamed in hot water
(c) that is made of eggs steamed in hot water
(d) who is made of eggs steamed in hot water

정답 (a)

[02] 관계부사

관계대명사와 전치사의 역할을 동시에 하며, 관계부사의 경우도 선행사에 따라 그 종류가 정해진다.

❶ 관계부사

선행사	때	장소	방법	이유
관계부사	when (= at, on, in which)	where (= at, on, in which)	how (= in which)	why (= for which)

- This is the town. + She lives in it.
  이곳은 마을이다. 그녀는 그곳에 산다.
  → This is the town which she lives in. (관계대명사 which)
  → This is the town where she lives. (관계부사 where)

- I remember the day. + We met first at the day.
  난 그 날을 기억해. 우리는 그 날 처음 만났어.
  → I remember the day which we met first at. (관계대명사 which)
  → I remember the day when we met first. (관계부사 when)

- This is the reason. + They broke up for it.
  이게 그 이유야. 그들이 그것 때문에 헤어졌어.
  → This is the reason which they broke up for. (관계대명사 which)
  → This is the reason why they broke up. (관계부사 why)

② 관계부사의 생략

관계부사는 선행사를 생략하여 쓸 수 있다 (the time, the place, the reason). 그러나 관계부사 how의 경우 일반적으로 관계부사나 선행사 중 하나를 생략한다.

• We don't like how she acts in the classroom.
우리는 좋아하지 않는다. / 그녀가 교실에서 행동하는 방식을
→ We don't like the way how she acts in the classroom. (×)
→ We don't like the way she acts in the classroom. (○)
→ We don't like how she acts in the classroom. (○)

[03] 복합관계부사

관계사에 ever를 붙여 나타내며 선행사 + 관계대명사의 역할을 하며, '~든지, ~라도'로 해석된다. 복합관계대명사와 복합관계부사로 나뉜다.

복합관계대명사

① 명사절 (whoever, whomever, whatever, whichever, whosever)

주절, 목적절, 보어절로 사용되면 '~든지, 라도' 등으로 해석이 되며 '선행사 anyone, anything + 관계대명사'로 나타낼 수 있다.

• Whoever wins will get the first prize. (주절)
우승하는 사람 누구라도 일등상을 받을 것이다.
(= Anyone who wins will get the first prize.)

• You can take whatever you want. (목적절)
당신은 가져갈 수 있습니다. / 당신이 원하는 어떤 것이라도
(= You can take anything that you want.)

② 부사절

'~든지, 라도'라고 해석이 되며, 'no matter + who/whom/what/which/whose'로 바꾸어 쓸 수 있다.

- Whatever may happen to me, I will stick to my original plan.
  무슨 일이 나에게 일어나더라도 나는 내 원래 계획을 고수할 것이다.
  (= No matter what may happen to me, ~)

- Whoever you are, your parents will support you.
  당신이 누구라도, 당신의 부모님은 당신을 지지할 것이다.
  (= No matter who you are, ~)

복합관계부사

시간과 장소를 나타내는 문장을 이끌기도 하고, 양보의 부사절을 이끈다.

복합관계부사	시간 · 장소 · 방법 부사절	양보의 부사절
whenever	at any time (when)	no matter when
wherever	at any place (where)	no matter where
however	in any way(that), in whatever way	no matter how

- You can visit whenever you are free.
  당신은 방문할 수 있다. / 언제든지 / 당신이 편할 때
  (= You can visit at anytime when you are free.)

- My baby wants to come with me wherever I go.
  나의 아기는 나와 함께 가길 원한다. / 어디든지 / 내가 가는
  (= My baby wants to come with me at any place where I go.)

- However long it takes, you have to finish it.
  그것이 얼마나 시간이 걸리든지 / 당신은 그것을 끝내야 합니다.
  (= No matter how long it takes, you have to finish it.)

TIP

주의! However 복합관계부사는 형용사나 부사와 보통 한 덩어리로 쓰인다.

No matter how로 바꾸어 사용할 수 있다.
however + 형용사 / 부사 + 주어 + 동사 (어순 주의)
의미: 아무리 형 / 부 하더라도 또는 비록 형 / 부 이라도

복합관계대명사와 복합관계부사의 차이점은 복합관계대명사 다음에는 불완전한 절이, 복합관계부사 다음에는 완전한 절이 온다는 것이다.

m·e·m·o

Signature 65

Second Part :

Grammar Section 문법파트

실전모의고사편

• 실전모의고사 풀이시 주의사항

1. 각 문항당 30초 시간제한
2. 문제풀이 - 채점 후 해설 강의 시청
3. 정답 따로 표기
4. 채점 후 틀린 문제 오답노트 제작
5. 각 모의고사 3회독 필수

실전모의고사 1 회

01

The local Art College is having a contest for the best illustration of 1950's era automobile advertisement. To qualify for the contest the illustration ________ be of a real automobile of that era, from a company that is now out of business.

(a) can
(b) might
(c) would
(d) must

02

I was on a shopping trip to an unfamiliar shopping mall when I noticed my phone battery was at zero state. My main problem was I __________ the app "Parked Car Locator" when my battery died. Now I don't know how to find my car.

(a) used
(b) have used
(c) was using
(d) am using

03

The committee cancelled the weekend festival in Tampa due to the incoming Hurricane Ian. If the storm had not hit, the people ________________________ the largest open-air festival ever in the state of Florida.

(a) would witness
(b) will have witnessed
(c) had witnessed
(d) would have witnessed

04

Amy has created a list of items required for the Monday autumn picnic. To get what is needed, Amy recommends only ________________ the items on the list and not bringing any items that someone is already signed up for.

(a) to bring
(b) to have brought
(c) bringing
(d) having brought

05

Joe Biden was the Senator for Delaware during his days in the Senate. _____, Joe Biden was born in Scranton Pennsylvania and his family moved to Delaware when he was 10 years old.

(a) Regardless
(b) In fact
(c) Besides
(d) In conclusion

06

Bill has finally finished his restoration of his dream car. He _______ on the car for six years. He first bought the non-working car from an auction company and it is now on the road.

(a) will be working
(b) had worked
(c) has been working
(d) is working

07

In preparation of the twentieth anniversary of the restaurant the owners are preparing to change their menu to those days' prices. In preparation of the day, the manager requested that all staff ______________ for work one hour before the restaurant opens.

(a) has reported
(b) will report
(c) report
(d) reported

08

After a major event, such as a hurricane or earthquake, a plea for help goes out to everyone. You should research the background of the requester to be sure _______ those in need. Unfortunately there are many places that only are out to profit themselves.

(a) benefiting
(b) to benefit
(c) to have benefited
(d) having benefited

09

The news has a story about a man that found in the Grand Canyon in Arizona. Before he was discovered, he ______________ alone in the off the grid for more than a year. Studies are now being done on how he survived for so long.

(a) had been living
(b) is living
(c) would be
(d) has been living

10

In 1989, a Newspaper magnate Charles Foster Cane accidentally damaged his Jean Franco's sculpture right after he had agreed to sell it to someone. If the sculpture ________________, it would have been the most expensive sculpture sold back then.

(a) has not been damaged
(b) had not been damaged
(c) was not damaged
(d) would not be damaged

11

While most people follow a very social pattern of being surrounded by people that they know, there are times that being alone recharges you. Studies have found that people appreciate ____________________ to just have time to think with no distractions.

(a) to have been alone
(b) having been alone
(c) to be alone
(d) being alone

12

I will be going to the "Fall Show" tomorrow and the admission is cash only. I need to get to the bank to get some cash but when I arrive there at six o'clock, they ________________ for the day.

(a) had wrapped up
(b) will be wrapping up
(c) is wrapping up
(d) has been wrapping up

13

Paul has always wanted to own a small breakfast and lunch restaurant. He has thought up a name for it "Start of the Day". If he were to do that now, he ____________________ to get some serious financing as his savings are very meager.

(a) would need
(b) would have needed
(c) will need
(d) has needed

14

Ed bought a knife off eBay that required a lot of cleanup. The cleaning requires a lot of tedious hand work. By the time it finishes the knife, he ____________ the knife for two days from start to finish.

(a) will be working on
(b) has been working on
(c) will have been working on
(d) is working on

15

Josh has enrolled to the Technical College to get a degree in Computer Programming. He has been working for a small company repairing computer so he has basic knowledge of how a computer works. His knowledge ______ make the class much easier.

(a) must
(b) shall
(c) would
(d) can

16

Julie is a secretary at a local industry. She must tell a lot of people every day that the manager is not available. Mostly, because he ___________ to the workers participating in the conference with him at the moment. Most of his job is based on what items have arrived.

(a) talks
(b) will be talking
(c) is talking
(d) talked

17

This year the dominant teams are on top of the standings in the NFL. The Eagles are projected ____________________________ the NFC East division and be the first seed in the playoffs.

(a) winning
(b) to have won
(c) to win
(d) having won

18

It is easy to find a diet that is good for your heart on the internet. Most recommend low salt, no oil, avoid junk food and eat home cooked food. The avoid junk food is ______________ of the additives added to enhance the taste of the food and the high salt content.

(a) unless
(b) because
(c) although
(d) so

19

Home Depot will soon be 45 years old. The home office has requested pictures from all stores. The employees are required ________________ their orange vests as to create a normal picture.

(a) wearing
(b) to wear
(c) having worn
(d) to have worn

20

During the latest Water Front Festival, we were listening to a band play various songs from different times. We couldn't resist ________________ to the songs from the 60's.

(a) dancing
(b) to dance
(c) having danced
(d) to have danced

21

We take indoor plumbing for granted today. The eighteenth century ________________ in England is what is known as the start of the flush toilet. This was a giant step in creating comfort in the home.

(a) where they first appeared
(b) when they first appeared
(c) whom they first appeared
(d) which they first appeared

22

Mike has left us to pursue a carrier in the aircraft industry. To get a feel of what the industry is hiring Mike has self-assessed himself. If Mike were to choose a field, he ________________ someone with an avionics background.

(a) will hire
(b) would hire
(c) would have hired
(d) is hiring

23

The true description of a fruit is anything that grows on a tree and the pepper, ______________________________, is always thought as a vegetable. Others that are thought as a vegetable but are a fruit are squash, watermelon and olive.

(a) what is actually a fruit
(b) who is actually a fruit
(c) that is actually a fruit
(d) which is actually a fruit

24

While surfing the market place on Facebook, Dave found the car of his dreams. Had it not been a holiday, he ___________________ to the credit union right away to withdraw the amount of the car loan as it was a cash only deal.

(a) would have rushed
(b) will have rushed
(c) would rush
(d) had rushed

25

Joshua has been doing the graphics for the Annual Thanksgiving Party and his work is first class. Everyone that has seen his work has suggested that he ________________ in a graphics arts class at the local Community College.

(a) enroll
(b) enrolled
(c) had enrolled
(d) will enroll

26

The company is holding a Chili Cookoff this Friday. If it were not for annual teeth cleaning appointment, I __________________ in the cooking competition. People that have tried my chili have said it is award winning.

(a) would have competed
(b) will compete
(c) am competing
(d) would compete

실전모의고사 1 회

01. (d) 02. (c) 03. (d) 04. (c) 05. (b) 06. (c) 07. (c) 08. (b) 09. (a) 10. (b) 11. (d) 12. (b) 13. (a)
14. (c) 15. (d) 16. (c) 17. (c) 18. (b) 19. (b) 20. (a) 21. (b) 22. (b) 23. (d) 24. (a) 25. (a) 26. (d)

[01]

> 영어 문제

The local Art College is having a contest for the best illustration of 1950's era automobile advertisement. To qualify for the contest the illustration ______ be of a real automobile of that era, from a company that is now out of business.

(a) can
(b) might
(c) would
(d) must

> 문제해석

해석 지역 예술 대학은 1950년대 자동차 광고의 최고의 삽화 대회를 열고 있다.
대회 출품 자격을 받기 위해서는 삽화가 그 시대의 실제 자동차여야 하며, 지금은 폐업한 회사의 것이어야 한다.

정답 (d)

문제 해설

해설 빈칸에 들어갈 문맥상 적절한 조동사를 찾는 문제이다. 빈칸 앞의 to부정사구가 '대회 출품 자격을 받기 위해서는'이라는 내용인 것으로 보아 뒤에는 삽화를 대회에 출품하기 위해서 지켜야 할 의무에 대한 내용이 이어지는 것이 자연스러우므로 빈칸에는 의무를 나타내는 조동사 (d) must가 알맞다.

cf 조동사의 종류
can: ~할 수 있다 (능력/실현 가능성이 있는 추측)
might: ~할 수 있었을지도 모른다 (may의 과거형, 과거의 약한 가능성)
would: ~라면~할텐데, ~하곤 했다 (가정에 대한 본인의 의지/과거의 습관)
must: ~해야 한다 (의무)

[02]

> 영어 문제

I was on a shopping trip to an unfamiliar shopping mall when I noticed my phone battery was at zero state. My main problem was I ________ the app "Parked Car Locator" when my battery died. Now I don't know how to find my car.

(a) used
(b) have used
(c) was using
(d) am using

> 문제해석

해석 내 휴대폰 배터리가 방전되었다는 것을 알았을 때 나는 낯선 쇼핑몰로 쇼핑을 가고 있었다. 나의 주된 문제는 내 배터리가 방전되었을 때 "주차된 자동차 위치추적기" 앱을 사용하고 있었다는 것이다. 지금 나는 내 차를 어떻게 찾아야 할지 모르겠다.

정답 (c)

문제 해설

해설 빈칸에 알맞은 시제를 파악하는 문제이다. 과거의 일에 대해 말하고 있으므로, 자연스럽게 현재진행형인 (d)는 정답에서 제외된다. 휴대폰이 방전되었을 때(when my battery died) 주차된 자동차 위치주적기 앱을 사용하고 있었다는 내용이므로 과거에 진행 중이었던 일을 나타내는 과거진행시제 (c) was using이 정답이다.

[03]

> 영어 문제

The committee cancelled the weekend festival in Tampa due to the incoming Hurricane Ian. If the storm had not hit, the people ________________ the largest open-air festival ever in the state of Florida.

(a) would witness
(b) will have witnessed
(c) had witnessed
(d) would have witnessed

> 문제해석

해석 위원회는 다가오는 허리케인 이안 때문에 탬파에서의 주말 축제를 취소했다. 만약 폭풍이 강타하지 않았다면, 사람들은 플로리다 주에서 역사상 가장 큰 야외 축제를 보았을 것이다.

정답 (d)

문제 해설

해설 가정법의 유형을 파악하고 알맞은 동사의 시제를 선택하는 문제이다. 폭풍이 탬파를 강타하지 않았다면 사람들이 플로리다 주에서 역사상 가장 큰 야외 축제를 보았을 것이라는 내용이므로, 축제를 못 보았다는 과거 사실에 대한 반대의 가정을 나타내는 가정법 과거완료 문장임을 알 수 있다. 따라서 가정법 과거완료 형식인 [if + S + had p.p., S + would/could/might + have p.p.]을 포함하고 있는 (d) would have witnessed가 정답이다.

[04]

> 영어 문제

Amy has created a list of items required for the Monday autumn picnic. To get what is needed, Amy recommends only ____________ the items on the list and not bringing any items that someone is already signed up for.

(a) to bring
(b) to have brought
(c) bringing
(d) having brought

> 문제해석

해석 Amy는 월요일 가을 소풍에 필요한 물품 목록을 만들었다. 필요한 것을 얻기 위해, Amy는 목록에 있는 물품들만 가져오고 누군가가 이미 신청한 물품은 가져오지 않을 것을 추천한다.

정답 (c)

문제 해설

해설 동명사 또는 to부정사를 목적어로 받는 동사에 관한 준동사유형의 문제이다. recommend는 동명사만을 목적어로 취하는 동사이므로 빈칸에 들어갈 표현으로는 (c) bringing이 적합하다. 과거완료 시제인 (d) having brought는 본동사보다 이전의 일을 나타내므로 적절하지 않다.

[05]

> 영어 문제

Joe Biden was the Senator for Delaware during his days in the Senate. _____, Joe Biden was born in Scranton Pennsylvania and his family moved to Delaware when he was 10 years old.

(a) Regardless
(b) In fact
(c) Besides
(d) In conclusion

> 문제해석

해석 조 바이든은 상원의원 시절 델라웨어주 상원의원이었다. 사실, 조 바이든은 스크랜턴 펜실베이니아에서 태어났고 그의 가족은 그가 10살 때 델라웨어로 이사했다.

정답 (b)

문제 해설

해설 문맥상 알맞은 접속사/접속부사를 파악하는 문제이다. 조 바이든은 상원의원 시절 델라웨어주 상원의원이었다고 언급했고, 그가 실제로 태어난 지역과 델라웨어로 이사한 시점에 대해 사실의 내용을 부가적으로 설명하고 있으므로 빈칸에는 사실 내용을 부가 설명할 때 사용하는 접속부사 (b) In fact가 적절하다.

cf Regardless: 상관없이 (역접), In fact: 사실 (부가), Besides: 게다가 (부가), In conclusion: 결과적으로 (결과)

[06]

> 영어 문제

Bill has finally finished his restoration of his dream car. He _____ on the car for six years. He first bought the non-working car from an auction company and it is now on the road.

(a) will be working
(b) had worked
(c) has been working
(d) is working

> 문제해석

해석 Bill은 마침내 그의 꿈의 차의 복원을 마쳤다. 그는 그 차에 6년 동안 공들여 오고 있는 중이다. 그는 처음에 그 작동하지 않는 차를 경매 회사에서 샀고, 그것은 지금 도로 위에 있다.

정답 (c)

문제 해설

해설 빈칸에 알맞은 시제를 파악하는 문제이다. 빈칸이 포함된 문장에서 '~ 기간 동안' (for six years)을 통해 6년이라는 기간 동안 Bill이 해당 자동차에 공을 들여왔음을 알 수 있으므로 과거 시점부터 현재에 걸쳐 진행 중임을 나타내는 현재완료진행시제 (c) has been working이 정답이다.

[07]

> 영어 문제

In preparation of the twentieth anniversary of the restaurant the owners are preparing to change their menu to those days' prices. In preparation of the day, the manager requested that all staff _______________ _______ for work one hour before the restaurant opens.

(a) has reported
(b) will report
(c) report
(d) reported

> 문제해석

해석 식당의 20주년을 준비하기 위해 오너들은 그들의 메뉴를 그날들의 가격들로 바꿀 준비를 하고 있다. 그날을 대비하기 위해 매니저는 식당이 문을 열기 한 시간 전에 전 직원들이 출근할 것을 요구했다.

정답 (c)

문제 해설

해설 that절의 빈칸에 알맞은 동사의 형태를 선택하는 문제이다. 요구, 제안, 명령, 충고 등을 나타내는 동사, 형용사, 명사 뒤에 오는 that절에서는 should가 생략되었다고 보고 시제에 상관없이 동사 원형을 쓴다. request는 요구를 나타내는 동사이므로 빈칸에 알맞은 동사 형태는 동사원형 형태인 (c) report이다.

[08]

> 영어 문제

After a major event, such as a hurricane or earthquake, a plea for help goes out to everyone. You should research the background of the requester to be sure _______ those in need. Unfortunately there are many places that only are out to profit themselves.

(a) benefiting
(b) to benefit
(c) to have benefited
(d) having benefited

> 문제해석

해석 허리케인이나 지진과 같은 큰 사건이 일어난 후에, 도움을 청하는 탄원서가 모든 사람들에게 전달된다. 당신은 꼭 도움이 필요한 사람들이 혜택을 받을 수 있도록 요청자의 배경을 조사해야 한다. 유감스럽게도 스스로의 이익을 얻기 위해 나오는 많은 곳들이 있다.

정답 (b)

문제 해설

해설 빈칸이 포함된 문장의 주절은 주어와 동사가 완벽하게 갖추어진 문장이고, 빈칸의 구문을 제외해도 해석이나 문법상 아무런 영향이 없음을 알 수 있다. 따라서 빈칸의 구문은 주절의 내용을 보충하는 수식구로서의 역할을 한다. 문맥상 도움이 필요한 사람들이 혜택을 받는 행위(benefit those in need)가 확신하는(sure)이라는 형용사를 수식하여 '꼭 도움이 필요한 사람들이 혜택을 받을 수 있도록'이라는 내용을 만들어 내므로 형용사를 수식하는 부사적 용법의 to부정사 (b) to benefit이 빈칸에 적절하다. 과거완료 시제인 (c) to have benefited는 본동사보다 더 이전 과거 행위를 가리키므로 적절하지 않다.

[09]

> 영어 문제

The news has a story about a man that found in the Grand Canyon in Arizona. Before he was discovered, he ________________ alone in the off the grid for more than a year. Studies are now being done on how he survived for so long.

(a) had been living
(b) is living
(c) would be
(d) has been living

> 문제해석

해석 뉴스는 애리조나의 그랜드 캐년에서 발견된 한 남자에 대한 이야기를 담고 있다. 그가 발견되기 전에, 그는 1년 이상 현대 기술과 단절되어 혼자 살아오고 있던 중이었다. 그가 어떻게 그렇게 오랫동안 살아남았는지에 대한 연구가 현재 진행 중이다.

정답 (a)

문제 해설

해설 빈칸에 알맞은 시제를 고르는 문제이다. 빈칸이 있는 문장의 Before절의 시제가 과거인 것으로 보아 과거에 종료된 동작임을 알 수 있고, '~ 기간 동안'(for more than a year)을 통해 특정 기간에 걸친 동작임을 알 수 있으므로 과거 이전부터 과거 특정 시점까지 진행된 동작을 나타내는 과거완료진행시제 (a) had been living이 정답이다.

[10]

> 영어 문제

In 1989, a Newspaper magnate Charles Foster Cane accidentally damaged his Jean Franco's sculpture right after he had agreed to sell it to someone. If the sculpture ______________, it would have been the most expensive sculpture sold back then.

(a) has not been damaged
(b) had not been damaged
(c) was not damaged
(d) would not be damaged

> 문제해석

해석 1989년에 신문사의 거물 Charles Foster Cane은 실수로 그의 Jean Franco의 조각품을 누군가에게 팔기로 동의한 직후에 손상시켰다. 만약 그 조각품이 손상되지 않았다면, 그것은 그 당시에 팔린 가장 비싼 조각품이 되었을 것이다.

정답 **(b)**

문제 해설

해설 가정법의 유형을 파악하고 알맞은 동사의 시제를 선택하는 문제이다. 조각품이 손상되지 않았다면 그것은 그 당시에 팔린 가장 비싼 조각품이 되었을 것이라는 내용이므로, 조각품이 손상되었다는 과거 사실에 대한 반대의 가정을 나타내는 가정법 과거완료 문장임을 알 수 있다. 따라서 가정법 과거완료 형식인 [if + S + had (not) p.p., S + would/could/might + have p.p.]을 포함하고 있는 (b) had not been damaged가 정답이다.

[11]

> 영어 문제

While most people follow a very social pattern of being surrounded by people that they know, there are times that being alone recharges you. Studies have found that people appreciate ______________ to just have time to think with no distractions.

(a) to have been alone
(b) having been alone
(c) to be alone
(d) being alone

> 문제해석

해석 대부분의 사람들이 그들이 아는 사람들에게 둘러싸여 있는 매우 사회적인 패턴을 따르는 반면, 혼자 있는 것이 당신을 충전시킬 때도 있다. 연구는 사람들이 방해받지 않고 생각할 시간을 갖기 위해 혼자 있는 것을 감사한다는 (높이 평가한다는) 것을 발견했다.

정답 **(d)**

문제 해설

해설 동명사 또는 to부정사를 목적어로 받는 동사에 관한 준동사유형의 문제이다. appreciate는 동명사만을 목적어로 취하는 동사이므로 빈칸에 들어갈 표현으로는 (d) being alone이 적합하다. 과거완료 시제인 (b) having been alone은 본동사보다 더 이전의 일을 나타내므로 알맞지 않다.

[12]

> 영어 문제

I will be going to the "Fall Show" tomorrow and the admission is cash only. I need to get to the bank to get some cash but when I arrive there at six o'clock, they ______________ for the day.

(a) had wrapped up
(b) will be wrapping up
(c) is wrapping up
(d) has been wrapping up

> 문제해석

해석 나는 내일 "가을 쇼"에 갈 것이고 입장료는 현금만 받는다. 나는 현금을 찾으러 은행에 가야 하지만, 내가 6시에 그곳에 도착하면 그들은 업무를 마무리하고 있는 중일 것이다.

정답 **(b)**

문제 해설

해설 빈칸에 알맞은 시제를 고르는 문제이다. 시간부사절 when I arrive there at six o'clock(내가 6시에 그곳에 도착하면)이 미래를 나타내므로 본동사의 시제 또한 미래가 되어야 하므로 보기 중 미래를 나타내는 미래진행시제 (b) will be wrapping up이 정답이다. 시간부사절에서는 현재시제(arrive)가 미래의 의미를 나타냄에 주의해야 한다.

cf 현재시제가 미래시제를 대신하는 부사절

(시간부사절) When he comes back, I will return the book.
will come (x)

(조건부사절) If it rains tomorrow, I will never go out.
will rain (x)

[13]

> 영어 문제

Paul has always wanted to own a small breakfast and lunch restaurant. He has thought up a name for it "Start of the Day". If he were to do that now, he ________ ______________ to get some serious financing as his savings are very meager.

(a) would need
(b) would have needed
(c) will need
(d) has needed

> 문제해석

해석 Paul은 언제나 작은 아침식사와 점심식사를 위한 식당을 소유하고 싶어 했다. 그는 "하루의 시작"이라고 그 식당의 이름을 생각해 냈다. 만약 그가 지금 그것을 한다면, 그의 저축은 매우 빈약하기 때문에 그는 약간의 심각한 자금 조달이 필요할 것이다.

정답 **(a)**

문제 해설

해설 가정법의 유형을 파악하고 알맞은 동사의 시제를 선택하는 문제이다. 만약 Paul이 가게를 소유한다면 심각한 자금 조달이 필요할 것이라는 내용으로, 현재 일어날 가능성이 희박한 가정을 나타내는 were toV 가정법 유형임을 알 수 있다. 주절에 were toV가 보이므로 [if + S + were toV, S + would/could/might + 동사원형]을 포함하고 있는 (a) would need가 정답이다.

[14]

> 영어 문제

Ed bought a knife off eBay that required a lot of cleanup. The cleaning requires a lot of tedious hand work. By the time it finishes the knife, he ________________ the knife for two days from start to finish.

(a) will be working on
(b) has been working on
(c) will have been working on
(d) is working on

> 문제해석

해석 Ed는 eBay에서 많은 세척이 필요한 칼을 샀다. 세척은 많은 지루한 수작업을 필요로 한다. 칼을 완성할 때쯤, 그는 이틀 내내 칼을 손질해오고 있는 중일 것이다.

정답 (c)

문제 해설

해설 By the time 부사절의 의미를 이해하고 주절의 시제를 선택하는 문제이다.
By the time 부사절은 '~할[했을] 때쯤에'라는 의미의 시간부사절로, 다른 시간부사절과 마찬가지로 현재(완료)시제가 미래(완료)시제를 대신하고, 주절은 미래의 특정 시점까지의 결과를 나타내므로 주로 미래완료시제를 사용한다. 동작의 진행을 강조하는 경우 미래완료진행시제도 사용 가능하다. Ed가 이틀 내내 칼을 손질하는 중인 것은 미래에 진행 중인 행동이므로 보기 중 미래완료진행시제인 (c)가 정답이다.

[15]

> 영어 문제

Josh has enrolled to the Technical College to get a degree in Computer Programming. He has been working for a small company repairing computer so he has basic knowledge of how a computer works. His knowledge ______ make the class much easier.

(a) must
(b) shall
(c) would
(d) can

> 문제해석

해석 Josh는 컴퓨터 프로그래밍 학위를 받기 위해 기술 대학에 등록했다. 그는 컴퓨터를 수리하는 작은 회사에서 일해 왔기 때문에 컴퓨터가 어떻게 작동하는지에 대한 기본적인 지식을 가지고 있다. 그의 지식은 수업을 훨씬 더 쉽게 만들 수 있다.

정답 (d)

문제 해설

해설 빈칸에 들어갈 문맥상 적절한 조동사를 찾는 문제이다. Josh는 컴퓨터의 작동에 대한 기본 지식을 가지고 있다는 내용이 나왔으므로, 해당 지식이 그의 대학 수업을 더 쉽게 만들 가능성이 있다는 내용이 이어지는 것이 문맥상 자연스럽다. 따라서 빈칸에는 실현 가능성이 있는 추측을 나타내는 조동사 (d) can이 알맞다.

cf 조동사의 종류
(a) must: ~해야 한다 (의무)
(b) shall: ~할 것이다 (미래에 대한 본인의 의지)
(c) would(will의 과거형): ~이었을 것이다 (과거 시점에서의 미래 의지/과거의 습관)
(d) can: ~할 수 있다 (능력/실현 가능성이 있는 추측)

[16]

> 영어 문제

Julie is a secretary at a local industry. She must tell a lot of people every day that the manager is not available. Mostly, because he __________ to the workers participating in the conference with him at the moment. Most of his job is based on what items have arrived.

(a) talks
(b) will be talking
(c) is talking
(d) talked

> 문제해석

해석 Julie는 한 지역 산업체의 비서이다. 그녀는 매일 많은 사람들에게 매니저가 통화 불가하다고 말할 것이다. 대부분, 그는 지금 이 순간 그와 함께 회의에 참가중인 직원들과 이야기하고 있기 때문이다. 그의 업무 대부분은 어떤 물건이 도착했는지에 기반을 두고 있다.

정답 (c)

문제 해설

해설 빈칸에 알맞은 시제를 파악하는 문제이다. 앞 문장에 현재를 나타내는 표현인 at the moment (지금 이 순간)가 나왔고, 빈칸 문장은 앞 문장에 대한 이유를 나타내므로 지금 현재 진행 중인 상황을 나타내는 현재진행시제인 (c) is talking이 빈칸에 알맞다.

[17]

> 영어 문제

This year the dominant teams are on top of the standings in the NFL. The Eagles are projected ____________________ the NFC East division and be the first seed in the playoffs.

(a) winning
(b) to have won
(c) to win
(d) having won

> 문제해석

해석 올해는 지배적인 팀들이 NFL에서 상위권에 있다. Eagles는 NFC 동부 지역 우승을 하고 플레이오프 첫 번째 시드가 될 것으로 예상된다.

정답 (c)

문제 해설

해설 to부정사를 활용한 관용적 표현에 관한 문제이다. Eagles의 NFC 동부 지역 우승이 예상된다는 내용으로, 빈칸 앞의 수동태 동사 be projected(~로 예상되다) 다음에 이어질 동사의 형태로 적절한 것은 to부정사 형태이므로 (b) to win이 정답이다. 완료 시제인 (c) to have won은 본동사보다 더 이전의 일을 나타내므로 알맞지 않다.

[18]

> 영어 문제

It is easy to find a diet that is good for your heart on the internet. Most recommend low salt, no oil, avoid junk food and eat home cooked food. The avoid junk food is ___________ of the additives added to enhance the taste of the food and the high salt content.

(a) unless
(b) because
(c) although
(d) so

> 문제해석

해석 인터넷에서 심장에 좋은 식단을 찾는 것은 쉽다. 대부분은 저염에, 기름을 사용하지 않고, 정크 푸드를 피하고, 집에서 요리한 음식을 먹는 것을 추천한다. 피해야할 정크푸드는 음식의 맛을 향상시키기 위해 첨가되는 첨가물과 높은 소금 함량 때문이다.

정답 (b)

문제 해설

해설 빈칸에 들어갈 문맥상 적절한 접속사를 찾는 문제이다. 다양한 접속사의 의미를 외워두고 문장의 의미를 제대로 파악하면 이러한 유형의 문제를 푸는 데 도움이 된다. 정크 푸드를 피하는 것의 이유는 첨가물과 소금 함량 때문이라는 내용이 문맥상 자연스러우므로, 이유를 나타내는 접속사 (b) because가 정답이다.

cf unless: ~하지 않는 한 (조건)
because: ~ 때문에 (이유)
although(= even though): 비록 ~임에도 불구하고 (양보)
so: 그래서 (결과)

[19]

> 영어 문제

Home Depot will soon be 45 years old. The home office has requested pictures from all stores. The employees are required ____________________ their orange vests as to create a normal picture.

(a) wearing
(b) to wear
(c) having worn
(d) to have worn

> 문제해석

해석 Home Depot는 곧 45주년이 될 것이다. 본사에서는 모든 매장에 사진을 요청했다. 직원들은 규격대로의 사진을 만들기 위해 그들의 주황색 조끼를 입도록 요청되어진다.

정답 (b)

문제 해설

해설 to부정사를 활용한 관용적 표현에 관한 문제이다. 직원들은 규격대로의 사진을 만들기 위해 그들의 주황색 조끼를 입을 필요가 있다는 내용으로, 빈칸 앞의 수동태 동사 be required(~할 필요가 있다) 다음에 이어질 동사의 형태로 적절한 것은 to부정사 형태이므로 (b) to wear가 정답이다. 과거완료 시제인 (d) to have worn은 본동사보다 더 이전의 일을 나타내므로 알맞지 않다.

[20]

> 영어 문제

During the latest Water Front Festival, we were listening to a band play various songs from different times. We couldn't resist ____________________ to the songs from the 60's.

(a) dancing
(b) to dance
(c) having danced
(d) to have danced

> 문제해석

해석 가장 최근의 해안가 축제 동안, 우리는 한 밴드가 각양각색의 시대의 노래들을 연주하는 것을 듣고 있었다. 우리는 60년대 노래에 맞춰 춤을 추는 것을 참을 수 없었다.

정답 **(a)**

문제 해설

해설 동명사 또는 to부정사를 목적어로 받는 동사에 관한 준동사유형의 문제이다. resist는 동명사만을 목적어로 취하는 동사이므로 빈칸에 들어갈 표현으로는 (a) dancing이 적합하다. 과거완료 시제인 (c) having danced는 특정 시점보다 더 이전의 일을 나타내는 것은 아니므로 적절하지 않다.

[21]

> 영어 문제

We take indoor plumbing for granted today. The eighteenth century ____________________ in England is what is known as the start of the flush toilet. This was a giant step in creating comfort in the home.

(a) where they first appeared
(b) when they first appeared
(c) whom they first appeared
(d) which they first appeared

> 문제해석

해석 오늘날 우리는 실내 배관을 당연하게 여긴다. 그것들이 영국에 처음 등장한 18세기는 수세식 변기의 시작으로 알려졌다. 이는 가정에서의 편안함을 만드는 큰 도약이였다.

정답 **(b)**

문제 해설

해설 빈칸에 알맞은 관계사를 고르는 문제이다. 보기의 관계사절이 완전한 문장이므로 불완전한 절을 이끄는 관계대명사 (c) whom, (d) which는 제외된다. 선행사 The eighteenth century는 시간을 나타내는 표현이므로 시간을 나타내는 관계부사 when이 포함된 (b)가 정답이다.

[22]

> 영어 문제

Mike has left us to pursue a carrier in the aircraft industry. To get a feel of what the industry is hiring Mike has self-assessed himself. If Mike were to choose a field, he ______________ someone with an avionics background.

(a) will hire
(b) would hire
(c) would have hired
(d) is hiring

> 문제해석

해석 Mike는 항공기 산업에서 운송 회사에 종사하기 위해 우리를 떠났다. 업계가 어떤 사람을 고용하고 있는지 감을 잡기 위해 Mike는 스스로를 평가했다. 만약 Mike가 참가자를 선택한다면, 그는 항공 전자 공학 배경을 가진 사람을 고용할 것이다.

정답 (b)

문제 해설

해설 가정법의 유형을 파악하고 알맞은 동사의 시제를 선택하는 문제이다. 만약 Mike가 인력을 채용한다면 항공 전자 공학 배경을 가진 사람을 채용할 것이라는 내용으로, 현재 일어날 가능성이 희박한 가정을 나타내는 were toV 가정법 유형임을 알 수 있다. 주절에 were toV가 보이므로 [if + S + were toV, S + would/could/might + 동사원형]을 포함하고 있는 (b) would hire가 정답이다.

[23]

> 영어 문제

The true description of a fruit is anything that grows on a tree and the pepper, ______________________________ , is always thought as a vegetable. Others that are thought as a vegetable but are a fruit are squash, watermelon and olive.

(a) what is actually a fruit
(b) who is actually a fruit
(c) that is actually a fruit
(d) which is actually a fruit

> 문제해석

해석 과일에 대한 진정한 묘사 (설명)는 나무에서 자라는 모든 것이고 후추는 항상 채소로 생각되어 진다. 채소로 생각되지만 과일인 다른 것들은 호박, 수박, 그리고 올리브이다.

정답 (d)

문제 해설

해설 빈칸에 알맞은 관계사를 고르는 문제이다. (a) what은 선행사를 받지 않는 관계대명사이기 때문에 선행사가 있는 이 경우에는 적절하지 않다. (c)에 쓰인 that은 빈칸 앞에 comma(,)가 있는 것으로 보아 계속적 용법으로 쓰이고 있으므로 사용할 수 없다. 선행사가 the pepper로 사물이므로, 나머지 보기 중 사물을 가리키는 which가 포함된 (d)가 정답이다.

[24]

> 영어 문제

While surfing the market place on Facebook, Dave found the car of his dreams. Had it not been a holiday, he ________________ to the credit union right away to withdraw the amount of the car loan as it was a cash only deal.

(a) would have rushed
(b) will have rushed
(c) would rush
(d) had rushed

> 문제해석

해석 Facebook에서 시장을 서핑하는 동안, Dave는 그가 꿈꾸던 자동차를 발견했다. 그것은 현금만 가능한 거래였기 때문에 그는 휴일이 아니었다면 당장 신용 조합에 달려가 자동차 대출 금액을 인출했었을 것이다.

정답 (a)

문제 해설

해설 가정법의 유형을 파악하고 알맞은 동사의 시제를 선택하는 문제이다. 가정법에서 if가 생략된 경우 주어와 동사의 도치가 일어나는데, Had it not been ~이 그러한 형태이다. if가 생략되지 않았을 경우 If it had not been ~이 되므로 과거 사실에 대한 반대의 가정을 나타내는 가정법 과거완료 문장임을 알 수 있다. 따라서 가정법 과거완료 문장의 형식인 [if + S + had (not) p.p., S + would/could/might + have p.p.]을 갖추고 있는 (a) would have rushed가 정답이다.

[25]

> 영어 문제

Joshua has been doing the graphics for the Annual Thanksgiving Party and his work is first class. Everyone that has seen his work has suggested that he ______________ in a graphics arts class at the local Community College.

(a) enroll
(b) enrolled
(c) had enrolled
(d) will enroll

> 문제해석

해석 Joshua는 연간 추수감사절 파티를 위해 그래픽을 해왔고 그의 작품은 일류이다. 그의 작품을 본 모든 사람들은 그가 지역 전문대학의 그래픽 아트 수업에 등록할 것을 제안했다.

정답 (a)

문제 해설

해설 that절의 빈칸에 알맞은 동사의 형태를 선택하는 문제이다. 요구, 제안, 명령, 충고 등을 나타내는 동사, 형용사, 명사 뒤에 오는 that절에서는 should가 생략되었다고 보고 시제에 상관없이 동사 원형을 쓴다. suggest는 제안을 나타내는 동사이므로 빈칸에 알맞은 동사 형태는 동사원형 형태인 (a) enroll이다.

[26]

> 영어 문제

The company is holding a Chili Cookoff this Friday. If it were not for annual teeth cleaning appointment, I ________________ in the cooking competition. People that have tried my chili have said it is award winning.

(a) would have competed
(b) will compete
(c) am competing
(d) would compete

> 문제해석

해석 그 회사는 이번 주 금요일에 칠레 요리 경연 대회를 연다. 만약 연례적인 치아 세정 예약이 아니었다면, 나는 요리 대회에 참가했을 것이다. 나의 칠레 요리를 먹어본 사람들은 그것이 상을 탈 만하다고 말했다.

정답 (d)

문제 해설

해설 가정법의 유형을 파악하고 알맞은 동사의 시제를 선택하는 문제이다. 이번 주 금요일에 치아 세정 예약이 없었다면, 화자는 요리 경연 대회에 참가했을 것이라는 내용이므로 현재에 대한 반대의 가정을 나타내는 가정법 과거 문장임을 알 수 있다. 따라서 가정법 과거 형식인 [if + S + 과거동사/were, S + would/could/might + 동사원형]을 포함하고 있는 (d) would compete가 정답이다.

실전모의고사 2 회

01

Jeff has had a lot of bills piling up and they are more than his income. One of the most important bills to pay is his car payment that is months behind. General Motors Finance sent him a letter stating that he ________________ pay or they will have the car repossessed in one month.

(a) would
(b) must
(c) could
(d) might

02

The difference between wild boar and a pig is mostly size. Pigs, ___________ are big enough to serve many people and the meat is not as tough as a wild animal. Modern pig raising is very scientific to get the largest animal possible.

(a) whose were bred on farms
(b) what were bred on farms
(c) where were bred on farms
(d) which were bred on farms

03

Jason and his wife planned for a special meal in Dallas to celebrate her birthday. He forgot to make a reservation at her favorite restaurant, The Steak House. When he finally called the restaurant, they had no reservations left for that day. Right now, he ____________________ franticly trying to find a good restaurant that has an opening.

(a) has been looking
(b) will have looked
(c) had looked
(d) is looking

04

When you clean your carpet yourself, the manufacture of the cleaning machine recommends using carpet shampoo. ________________, if you don't get all the shampoo out after cleaning, it will cause a buildup of shampoo that will capture dirt and require you to clean the carpet soon after.

(a) Likewise
(b) However
(c) For example
(d) Therefore

05

Tayler is looking for a nice dress to wear at her graduation party. Most dresses that she looked at are not her style. If she were to learn how to sew, she ______________________ her own style dress for this important party without any limitations.

(a) would have made
(b) will make
(c) would make
(d) has made

06

When you are making bread, you must follow the recipe exactly. The dough must be allowed to breath so the yeast can create gas. If you don't let it rise, you risk __________________ the bread when it is cooked.

(a) ruining
(b) to have ruined
(c) having ruined
(d) to ruin

07

Pat's supervisor asked him why he doesn't seem focused on his job. Pat explained that his wife has been trying to get the house in order before her parents visit. She suggested that tomorrow he ________________ a day off to help his wife prepare for their arrival.

(a) take
(b) will take
(c) took
(d) is taking

08

In class you can always expect to take exams to test your knowledge of the subject being taught. These exams take questions from the content of the class books and the study guides ________________ us to decipher the subject you are taking.

(a) assisting
(b) to assist
(c) having assisted
(d) to have assisted

09

Jai alai is a popular sport in Latin America and the Philippines. In the US the professional players went on nationwide strike in the 80's the sport fans lost interest. Had the players' demands been met instead of ignored, the sport probably ________________ popularity.

(a) would not lose
(b) had not lost
(c) would not have lost
(d) will not have lost

10

When David started to go to the gym after work, he could only spend 20 to 25 minutes on the treadmill. Nowadays, he ______________ stay on the treadmill for a full one-hour session. This is a good measure of his progress.

(a) can
(b) shall
(c) may
(d) could

11

Some common cleaning items have been found to be dangerous when mixed. A neighbor ______________ the bathroom with bleach and ammonia when it reacted and caused a toxic gas which caused breathing problems.

(a) has been cleaning
(b) had cleaned
(c) will have cleaned
(d) was cleaning

12

We are planning, at work, to have a BBQ lunch on Friday. This is something we do when the weather is good. I proposed that I ____________________ the cook and I will start early to clean the grill and prepare the hamburgers and hot dogs.

(a) have been
(b) was
(c) be
(d) will be

13

Amy was thinking about going to the beach, this weekend, with Brad. One big problem is that in the past he has cancelled the day of the event. If he were more reliable, Amy __________________ him to more events without hesitation.

(a) has invited
(b) would have invited
(c) will invite
(d) would invite

14

James is running into a time critical part of completing his capstone project. He ____________________ on his project for two semesters already, but still hasn't completed the first draft. He must quit his evening job and concentrate on completion the project.

(a) has been working
(b) worked
(c) will be working
(d) is working

15

Pat enjoys singing every Sunday at church. He also plays various musical instruments in the church band with his family. He and his brothers, ___________________________, will start their own band after they complete high school.

(a) whom they were all raised in a musical household
(b) which were all raised in a musical household
(c) who were all raised in a musical household
(d) that were all raised in a musical household

16

Jamie was a server at The Onion Ring restaurant for years. Because of reduction of tips due to less people eating out, he quit his job. The owner remodeled the restaurant into a trendy bar and business picked up. Had Jamie known the bar would be so successful, he ____________________ the position.

(a) would not leave
(b) had not left
(c) would not have left
(d) will not have left

17

Not brushing and flossing your teeth can lead to heart problems. Excess mouth bacteria could spread through your body thru your blood stream. That is why dentists recommend ____________________ and brushing regularly to reduce the number of bacteria in your mouth.

(a) to have flossed
(b) flossing
(c) to floss
(d) having flossed

18

Dave's request for a work transfer, to shipping and receiving, has been approved. At two o'clock this afternoon, he ____________________ to the shipping and receiving department to start learning his new job. He wanted to get the transfer because of higher pay and full time employment.

(a) had gone
(b) will be going
(c) has been going
(d) will have been going

19

For many years the tomato has been thought of as a vegetable. Its real title is a fruit. Experts ____________ how to classify it for years until it was declared a fruit. Tomatoes are a great source vitamin C, potassium and vitamin K.

(a) have been discussing
(b) had been discussing
(c) would discuss
(d) will be discussing

20

There are many great museums in Washington D.C. Sidney is going there next week for a week-long seminar. While there, he hopes ____________ as many museums as possible starting with the Smithsonian National Museum of Natural History.

(a) to see
(b) having seen
(c) seeing
(d) to have seen

21

Jim drove for one and a half hours to the nearest beach. After spending 1 hour at the beach, he decided to go home. If only it were cooler outside, he ____________ at the beach for much longer because it is his favorite past time.

(a) would have stayed
(b) has stayed
(c) will stay
(d) would stay

22

The rainforest is a very vital part of our planet's ecosystem. Loss of the rainforest effects the climate all over the world. ____________________, the loss of the rainforest directly reduces the amount of oxygen released into the atmosphere.

(a) For example
(b) However
(c) Meanwhile
(d) Nevertheless

23

Two weeks ago, Alison at work asked me to take care of her cat, Lulu. By the time she comes back, Lulu ____________________ with me for two weeks. This is because she is going to New Jersey to study the effects of going to self-serve gas stations in that state.

(a) will be living
(b) has been living
(c) will have been living
(d) is living

24

Goal tending in basketball is a way for the offending team to get a penalty. Referees consider ____________________ to be interfering with a ball that has a scoring chance.

(a) to have goaltended
(b) having goaltended
(c) to goaltend
(d) goaltending

25

The Dead Sea Scrolls are ancient Jewish and Hebrew religious manuscripts that were found in 1946 on the North Shore of the Dead Sea. The scrolls are writings that confirm the teaching of the Old Testament. If the scrolls hadn't been found, scholars ______________ such biblical knowledge.

(a) will not have gained
(b) would not have gained
(c) had not gained
(d) would not gain

26

Brian is going to Texas to visit his relatives for Labor Day. His new car has internet access so he is downloading the Amazon music app to his phone. This will allow him ______________ to his favorite music on the long drive.

(a) listening
(b) to have listened
(c) having listened
(d) to listen

실전모의고사 2 회

01. (b) 02. (d) 03. (d) 04. (b) 05. (c) 06. (a) 07. (a) 08. (b) 09. (c) 10. (a) 11. (d) 12. (c) 13. (d)
14. (a) 15. (c) 16. (c) 17. (b) 18. (b) 19. (b) 20. (a) 21. (d) 22. (a) 23. (c) 24. (d) 25. (b) 26. (d)

[01]

> 영어 문제

Jeff has had a lot of bills piling up and they are more than his income. One of the most important bills to pay is his car payment that is months behind. General Motors Finance sent him a letter stating that he __________ pay or they will have the car repossessed in one month.

(a) would
(b) must
(c) could
(d) might

> 문제해석

해석 Jeff는 쌓여 가는 많은 청구서를 받아 오고 있고 그것들은 그의 수입보다 더 많다. 지불해야 할 가장 중요한 청구서 중 하나는 몇 달이나 밀린 그의 자동차 할부금이다. General Motors Finance 사는 그에게 돈을 지불해야만 한다라는 그렇지 않으면 한 달 안에 차를 압류할 것이라고 쓰여진 편지를 보냈다.

정답 **(b)**

문제 해설

해설 빈칸에 들어갈 문맥상 적절한 조동사를 찾는 문제이다. Jeff는 자동차 할부금을 몇 달간 내지 못하고 있는 상황이므로 돈을 지불을 의무를 가지고 있음을 알 수 있고, 접속사 or로 연결된 절의 내용(그렇지 않으면 차를 압류할 것이다)으로 보아 앞에도 또한 의무를 나타내는 말이 들어갈 것임을 추측할 수 있다. 따라서 정답은 강한 의무를 나타내는 조동사 (b) must이다.

cf 조동사의 종류
would: ~라면~할 텐데, ~하곤 했다 (가정에 대한 본인의 의지/과거의 습관)
could: ~할 수 있었다, ~해주시겠습니까 (can의 과거형, 정중한 요청)
must: ~해야 한다 (의무)
might: ~할 수 있었을지도 모른다 (may의 과거형, 과거의 약한 가능성)

[02]

> 영어 문제

The difference between wild boar and a pig is mostly size. Pigs, ________________ are big enough to serve many people and the meat is not as tough as a wild animal. Modern pig raising is very scientific to get the largest animal possible.

(a) whose were bred on farms
(b) what were bred on farms
(c) where were bred on farms
(d) which were bred on farms

> 문제해석

해석 멧돼지와 돼지의 차이는 대부분 크기이다. 농장에서 사육된 돼지는 많은 사람들에게 제공되기에 충분히 크고 그 고기는 야생 동물처럼 질기지 않다. 현대의 돼지 사육은 가능한 가장 큰 동물을 얻기에 매우 과학적이다.

정답 (d)

문제 해설

해설 빈칸에 알맞은 관계사를 고르는 문제이다. (a) whose는 소유격대명사이므로 바로 뒤에 명사가 나와야 하는데 동사가 나왔으므로 답이 될 수 없다. (b) what은 선행사를 받지 않는 관계대명사이기 때문에 선행사가 있는 이 경우에는 적절하지 않다. 관계사 뒤에 불완전한 절이 나오는 것으로 보아 장소를 나타내는 관계부사인 (c) where은 제외된다. 따라서 주격관계대명사로 사용된 (d) which가 정답이다.

[03]

> 영어 문제

Jason and his wife planned for a special meal in Dallas to celebrate her birthday. He forgot to make a reservation at her favorite restaurant, The Steak House. When he finally called the restaurant, they had no reservations left for that day. Right now, he ________________ franticly trying to find a good restaurant that has an opening.

(a) has been looking
(b) will have looked
(c) had looked
(d) is looking

> 문제해석

해석 Jason과 그의 아내는 그녀의 생일을 축하하기 위해 Dallas에서 특별한 식사를 계획했다. 그는 그녀가 가장 좋아하는 레스토랑인 The Steak House에 예약하는 것을 잊어버렸다. 그가 마침내 그 식당에 전화했을 때, 그들은 그날 남은 예약이 없었다. 지금 현재, 그는 자리가 난 좋은 식당을 발견하기 위해 정신없이 찾아보고 있는 중이다.

정답 (d)

문제 해설

해설 빈칸에 알맞은 시제를 파악하는 문제이다. 빈칸 문장에 현재를 나타내는 표현인 Right now (지금 현재)가 나왔고, 문맥상 식당을 찾아보는 중이라는 내용이 자연스러우므로 보기 중 현재진행시제인 (b) is looking이 정답이다.

[04]

> 영어 문제

When you clean your carpet yourself, the manufacture of the cleaning machine recommends using carpet shampoo. _______________, if you don't get all the shampoo out after cleaning, it will cause a buildup of shampoo that will capture dirt and require you to clean the carpet soon after.

(a) Likewise
(b) However
(c) For example
(d) Therefore

> 문제해석

해석 직접 카펫을 청소할 때, 세탁기 제조사는 카펫 샴푸를 사용할 것을 추천한다. 하지만, 만약 청소 후에 샴푸를 모두 꺼내지 않는다면, 그것은 먼지를 끌어들이고 머지않아 카펫을 청소할 필요가 있도록 할 샴푸의 축적을 초래할 것이다.

정답 (b)

문제 해설

해설 빈칸에 들어갈 문맥상 적절한 접속사/ 접속부사를 찾는 문제이다. 빈칸 앞 내용은 카펫 샴푸의 사용을 권장한다는 내용이지만 빈칸 뒤 내용은 카펫 샴푸는 주의하지 않을 경우 샴푸의 축적을 초래할 것이라는 내용이므로 문맥상 빈칸에는 역접의 의미를 나타내는 접속사 (b) However이 알맞다.

cf likewise: 마찬가지로
however: 하지만
additionally: 추가적으로
therefore: 그러므로

[05]

> 영어 문제

Tayler is looking for a nice dress to wear at her graduation party. Most dresses that she looked at are not her style. If she were to learn how to sew, she ____________________ her own style dress for this important party without any limitations.

(a) would have made
(b) will make
(c) would make
(d) has made

> 문제해석

해석 Tayler는 졸업 파티에서 입을 멋진 드레스를 찾고 있다. 그녀가 본 대부분의 드레스는 그녀의 스타일이 아니다. 만약 그녀가 바느질을 배운다면, 그녀는 이 중요한 파티를 위해 아무런 제한 없이 자신만의 스타일인 드레스를 만들 것이다.

정답 (c)

문제 해설

해설 가정법의 유형을 파악하고 알맞은 동사의 시제를 선택하는 문제이다. 만약 Tayler가 바느질을 배운다면 자신만의 스타일인 드레스를 만들 것이라는 내용이므로, 현재 일어날 가능성이 희박한 가정을 나타내는 were toV 가정법 유형임을 알 수 있다. 주절에 were toV가 보이므로 [if + S + were toV, S + would/could/might + 동사원형]을 포함하고 있는 (c) would make가 정답이다.

[06]

> 영어 문제

When you are making bread, you must follow the recipe exactly. The dough must be allowed to breath so the yeast can create gas. If you don't let it rise, you risk ______________ the bread when it is cooked.

(a) ruining
(b) to have ruined
(c) having ruined
(d) to ruin

> 문제해석

해석 빵을 만들 때는, 조리법을 정확히 따라야 한다. 반죽이 숨을 쉬도록 해야 효모가 가스를 만들 수 있다. 빵이 부풀어 오르도록 하지 않으면, 빵을 요리할 때 망칠 것을 각오해야 한다.

정답 **(a)**

문제 해설

해설 동명사 또는 to부정사를 목적어로 받는 동사에 관한 준동사유형의 문제이다. risk는 동명사만을 목적어로 취하는 동사이므로 빈칸에 들어갈 표현으로는 (a) ruining이 적합하다. 과거완료 시제인 (c) having ruined는 본동사보다 더 이전의 일을 나타내므로 알맞지 않다.

[07]

> 영어 문제

Pat's supervisor asked him why he doesn't seem focused on his job. Pat explained that his wife has been trying to get the house in order before her parents visit. She suggested that tomorrow he ______________ a day off to help his wife prepare for their arrival.

(a) take
(b) will take
(c) took
(d) is taking

> 문제해석

해석 Pat의 감독자는 그에게 왜 자신의 일에 집중하지 않는 것처럼 보이는지 물어보았다. Pat은 그의 아내가 부모님의 방문 전에 집을 정리하려고 노력해왔다고 설명했다. 그녀는 그의 아내가 그들의 도착에 대비하는 것을 돕기 위해 그가 내일 하루 휴가를 내야 한다고 제안했다.

정답 **(a)**

문제 해설

해설 that절의 빈칸에 알맞은 동사의 형태를 선택하는 문제이다. 요구, 제안, 명령, 충고 등을 나타내는 동사, 형용사, 명사 뒤에 오는 that절에서는 should가 생략되었다고 보고 시제에 상관없이 동사 원형을 쓴다. suggest는 제안을 나타내는 당위성 동사이므로 빈칸에 알맞은 동사 형태는 동사원형 형태인 (a) take이다. SAR형제를 기억하자!

[08]

> 영어 문제

In class you can always expect to take exams to test your knowledge of the subject being taught. These exams take questions from the content of the class books and the study guides ________________ us to decipher the subject you are taking.

(a) assisting
(b) to assist
(c) having assisted
(d) to have assisted

> 문제해석

해석 수업 시간에 당신은 배운 과목에 대한 당신의 지식을 시험하기 위해 시험을 보는 것을 언제나 예상할 수 있다. 이러한 시험들은 우리가 당신이 듣는 과목을 판독하는 데 도움을 주기 위해 수업 교재와 학습 가이드의 내용으로부터 문제를 출제한다.

정답 (b)

문제 해설

해설 빈칸이 포함된 문장의 주절은 주어와 동사가 완벽하게 갖추어진 문장이고, 빈칸의 구문을 제외해도 해석이나 문법상 아무런 영향이 없음을 알 수 있다. 따라서 빈칸의 구문은 주절의 내용을 보충하는 수식구로서의 역할을 한다. 문맥상 과목을 판독하는 것을 돕기 위해서라는 목적을 나타내므로 목적을 나타내는 부사적 용법의 to부정사가 적절하다. 따라서 (b) to assist가 정답이다. to부정사구의 시제가 본동사의 시제보다 앞서지는 않으므로 완료부정사 형태인 (d)는 적절하지 않다.

[09]

> 영어 문제

Jai alai is a popular sport in Latin America and the Philippines. In the US the professional players went on nationwide strike in the 80's the sport fans lost interest. Had the players' demands been met instead of ignored, the sport probably ________________ popularity.

(a) would not lose
(b) had not lost
(c) would not have lost
(d) will not have lost

> 문제해석

해석 하이알라이는 라틴 아메리카와 필리핀에서 인기 있는 스포츠이다. 미국에서 프로 선수들이 80년대에 전국적인 파업을 벌였고 스포츠팬들은 흥미를 잃었다. 선수들의 요구가 무시되는 대신 충족되었더라면, 그 스포츠는 아마도 인기를 잃지 않았을 것이다.

정답 (c)

문제 해설

해설 가정법의 유형을 파악하고 알맞은 동사의 시제를 선택하는 문제이다. 가정법에서 if가 생략된 경우 주어와 동사의 도치가 일어나는데, Had the players' demands been ~이 그러한 형태이다. if가 생략되지 않았을 경우 If the players' demands had been ~이 되므로 과거 사실에 대한 반대의 가정을 나타내는 가정법 과거완료 문장임을 알 수 있다. 따라서 가정법 과거완료 문장의 형식인 [if + S + had p.p., S + would/could/might + have p.p.]을 갖추고 있는 (c) would not have lost가 정답이다.

[10]

> 영어 문제

When David started to go to the gym after work, he could only spend 20 to 25 minutes on the treadmill. Nowadays, he ____________ stay on the treadmill for a full one-hour session. This is a good measure of his progress.

(a) can
(b) shall
(c) may
(d) could

> 문제해석

해석 David가 퇴근 후 체육관에 가기 시작했을 때, 그는 러닝머신에서 20분에서 25분밖에 보낼 수 없었다. 오늘날, 그는 러닝머신에서 한 시간 내내 머무를 수 있다. 이것은 그의 진전의 좋은 척도이다.

정답 (a)

문제 해설

해설 빈칸에 들어갈 문맥상 적절한 조동사를 찾는 문제이다. David는 체육관을 다니기 시작했을 때 러닝머신에서 30분도 있지 못했지만 오늘날은 한 시간 내내 있을 수 있다는 내용이 자연스러우므로 가능, 능력을 나타내는 조동사 (a) can이 정답이다.

cf 조동사의 종류
can: ~할 수 있다, ~할 줄 안다 (가능, 능력)
shall: ~할 것이다 (미래에 대한 본인의 의지)
may: ~해도 된다, ~할 수도 있을 것이다 (허락, 실현 가능성이 약한 추측)
could: ~할 수 있었다, ~해주시겠습니까 (can의 과거형, 정중한 요청)

[11]

> 영어 문제

Some common cleaning items have been found to be dangerous when mixed. A neighbor ____________ the bathroom with bleach and ammonia when it reacted and caused a toxic gas which caused breathing problems.

(a) has been cleaning
(b) had cleaned
(c) will have cleaned
(d) was cleaning

> 문제해석

해석 일부 흔한 청소 제품은 혼합되면 위험한 것으로 확인되었다. 그것이 반응하고 호흡 문제를 초래한 유독 가스가 발생한 때는 한 이웃이 표백제와 암모니아로 화장실을 청소하고 있던 중이었다.

정답 (d)

문제 해설

해설 빈칸에 들어갈 알맞은 시제를 구하는 문제이다. 과거의 일에 대해 말하고 있으므로, 자연스럽게 미래완료형인 (c)는 정답에서 제외된다. 청소 제품이 반응한 때는 한 이웃이 표백제와 암모니아로 화장실을 청소하던 도중이었다는 (when it reacted and caused) 내용이므로 과거에 진행 중이었던 일을 나타내는 과거진행시제 (d) was cleaning이 정답이다.

[12]

> 영어 문제

We are planning, at work, to have a BBQ lunch on Friday. This is something we do when the weather is good. I proposed that I _______________ the cook and I will start early to clean the grill and prepare the hamburgers and hot dogs.

(a) have been
(b) was
(c) be
(d) will be

> 문제해석

해석 우리는 금요일에 직장에서 BBQ 점심을 먹으려고 계획 중이다. 이는 날씨가 좋을 때 우리가 하는 일이다. 나는 내가 요리사가 될 것을 제안했고 그릴을 청소하고 햄버거와 핫도그를 준비하기 위해 일찍 시작할 것이다.

정답 **(c)**

문제 해설

해설 that절의 빈칸에 알맞은 동사의 형태를 선택하는 문제이다. 요구, 제안, 명령, 충고 등을 나타내는 동사, 형용사, 명사 뒤에 오는 that절에서는 should가 생략되었다고 보고 시제에 상관없이 동사 원형을 쓴다. propose는 제안을 나타내는 당위성 동사이므로 빈칸에 알맞은 동사 형태는 동사원형 형태인 (c) be이다.

[13]

> 영어 문제

Amy was thinking about going to the beach, this weekend, with Brad. One big problem is that in the past he has cancelled the day of the event. If he were more reliable, Amy _______________ him to more events without hesitation.

(a) has invited
(b) would have invited
(c) will invite
(d) would invite

> 문제해석

해석 Amy는 이번 주말에 Brad와 함께 해변에 가는 것에 대해 생각하고 있었다. 한 가지 큰 문제는 과거에 그가 일정 당일에 취소했었다는 것이다. 만약 그가 좀 더 신뢰할만하다면, Amy는 주저 없이 그를 더 많은 일정에 초대할 것이다.

정답 **(d)**

문제 해설

해설 가정법 유형을 파악하고 알맞은 동사의 시제를 선택하는 문제이다. Brad가 좀 더 신뢰할만하다면, Amy는 주저 없이 그를 일정에 초대할 것이라는 내용이므로, 현재 사실에 대한 반대의 가정을 나타내는 가정법 과거 문장임을 알 수 있다. 따라서 가정법 과거 형식인 [if + S + 과거동사/were, S + would/could/might + 동사원형]을 포함하고 있는 (d) would invite가 정답이다.

[14]

> 영어 문제

James is running into a time critical part of completing his capstone project. He ________________ on his project for two semesters already, but still hasn't completed the first draft. He must quit his evening job and concentrate on completion the project.

(a) has been working
(b) worked
(c) will be working
(d) is working

> 문제해석

해석 James는 캡스톤 프로젝트를 완료하는 데 있어 시간이 중요한 부분에 충동하고 있다. 그는 벌써 두 학기째 그의 프로젝트를 작업해오는 중이지만, 아직 그는 초안을 완성하지 못했다. 그는 저녁 아르바이트를 그만두고 프로젝트 완료에 집중해야 한다.

정답 (a)

문제 해설

해설 빈칸에 알맞은 시제를 파악하는 문제이다. 빈칸이 포함된 문장에서 '~ 기간 동안' (for two semesters)을통해 두 학기라는 기간 동안 프로젝트 작업을 진행해왔음을 알 수 있으므로 과거 시점부터 현재에 걸쳐 진행 중임을 나타내는 현재완료진행시제 (c) has been working이 정답이다.

[15]

> 영어 문제

Pat enjoys singing every Sunday at church. He also plays various musical instruments in the church band with his family. He and his brothers, ________________ ________, will start their own band after they complete high school.

(a) whom they were all raised in a musical household
(b) which were all raised in a musical household
(c) who were all raised in a musical household
(d) that were all raised in a musical household

> 문제해석

해석 Pat은 일요일마다 교회에서 노래하는 것을 즐긴다. 그는 또한 그의 가족과 함께 교회 밴드에서 다양한 악기를 연주한다. 음악적인 가정에서 모두 자란 그와 그의 형제들은 고등학교를 마친 후에 그들만의 밴드를 시작할 것이다.

정답 (c)

문제 해설

해설 빈칸에 알맞은 관계사를 고르는 문제이다. 관계사절에 주어가 생략된 것으로 보아 주격 관계대명사절임을 알 수 있으므로 목적격 관계대명사 (a) whom은 제외된다.
선행사는 He and his brothers (그와 그의 남자형제들 = 사람)이므로 사물을 가리킬 때 사용하는 관계대명사 (b) which는 제외된다. 보기 (d)에 쓰인 that은 빈칸 앞에 comma(,)가 있는 것으로 보아 계속적 용법으로 쓰이고 있으므로 사용할 수 없다. 따라서 정답은 (c)가 된다.

[16]

> 영어 문제

Jamie was a server at The Onion Ring restaurant for years. Because of reduction of tips due to less people eating out, he quit his job. The owner remodeled the restaurant into a trendy bar and business picked up. Had Jamie known the bar would be so successful, he ________________ the position.

(a) would not leave
(b) had not left
(c) would not have left
(d) will not have left

> 문제해석

해석 Jamie는 수년간 The Onion Ring 레스토랑의 종업원이었다. 적은 외식 인원으로 인한 팁의 감소 때문에 그는 그의 직장을 그만두었다. 주인은 그 레스토랑을 최신 유행의 술집으로 개조하고 영업을 다시 시작했다. 만약 Jamie가 그 술집이 그렇게 성공하리라는 것을 알았더라면, 그는 그 직책을 떠나지 않았을 것이다.

정답 (c)

문제 해설

해설 가정법의 유형을 파악하고 알맞은 동사의 시제를 선택하는 문제이다. 가정법에서 if가 생략된 경우 주어와 동사의 도치가 일어나는데, Had Jamie known ~이 그러한 형태이다. if가 생략되지 않았을 경우 If Jamie had known ~이 되므로 과거 사실에 대한 반대의 가정을 나타내는 가정법 과거완료 문장임을 알 수 있다. 따라서 가정법 과거완료 문장의 형식인 [if + S + had p.p., S + would/could/might + have p.p.]을 갖추고 있는 (c) would not have left가 정답이다.

[17]

> 영어 문제

Not brushing and flossing your teeth can lead to heart problems. Excess mouth bacteria could spread through your body thru your blood stream. That is why dentists recommend ________________ and brushing regularly to reduce the number of bacteria in your mouth.

(a) to have flossed
(b) flossing
(c) to floss
(d) having flossed

> 문제해석

해석 양치하지 않고 치실을 하지 않는 것은 심장 문제로 이어질 수 있다. 과도한 구강 박테리아는 혈류를 통해 몸으로 퍼질 수 있다. 그것이 치과의사들이 입 안에 있는 박테리아 수를 줄이기 위해 정기적으로 치실을 하고 양치질을 하는 것을 추천하는 이유이다.

정답 (b)

문제 해설

해설 동명사 또는 to부정사를 목적어로 받는 동사에 관한 준동사유형의 문제이다. recommend는 동명사만을 목적어로 취하는 동사이므로 빈칸에 들어갈 표현으로는 (b) flossing이 적합하다. 과거완료 시제인 (d) having flossed는 본동사보다 더 이전의 일을 나타내므로 알맞지 않다.

[18]

> 영어 문제

Dave's request for a work transfer, to shipping and receiving, has been approved. At two o'clock this afternoon, he ________________ to the shipping and receiving department to start learning his new job. He wanted to get the transfer because of higher pay and full time employment.

(a) had gone
(b) will be going
(c) has been going
(d) will have been going

> 문제해석

해석 Dave의 배송 및 수령으로의 부서 이동 요청이 승인되었다. 오늘 오후 2시에, 그는 새로운 일을 배우기 위해 배송 및 수령 부서에 가는 중일 것이다. 그는 더 높은 임금과 정규직 전환 때문에 부서 이동을 원했다.

정답 (b)

문제 해설

해설 빈칸에 알맞은 관계사를 고르는 문제이다. 시간부사구 At two o'clock this afternoon (오늘 오후 2시에)가 미래를 나타내므로 본동사의 시제 또한 미래가 되어야 하는데, 오후 2시에 Dave가 배송 및 수령 부서에 가는 중일 거라는 내용이므로 미래진행시제 (b) will be going이 정답이다. 특정 기간에 걸치지 않은 특정 시점의 동작을 나타내므로 미래완료진행시제 (d)는 답이 될 수 없다.

[19]

> 영어 문제

For many years the tomato has been thought of as a vegetable. Its real title is a fruit. Experts __________ ________ how to classify it for years until it was declared a fruit. Tomatoes are a great source vitamin C, potassium and vitamin K.

(a) have been discussing
(b) had been discussing
(c) would discuss
(d) will be discussing

> 문제해석

해석 오랫동안 토마토는 채소로 생각되어 왔다. 그것의 진짜 칭호는 과일이다. 전문가들은 그것이 과일로 선언되었을 때까지 그것을 분류하는 방법에 대해 수년간 논의해 오고 있던 중이었다. 토마토는 비타민 C, 칼륨, 비타민 K의 훌륭한 공급원이다.

정답 (b)

문제 해설

해설 빈칸에 알맞은 시제를 고르는 문제이다. 빈칸이 있는 문장의 until절의 시제가 과거인 것으로 보아 과거에 종료된 동작임을 알 수 있고, '~ 수년 동안'을 의미하는 (for years)를 통해 특정 기간에 걸친 동작임을 알 수 있으므로 과거 이전부터 과거 특정 시점까지 진행된 동작을 나타내는 과거완료진행시제 (b) had been discussing이 정답이다.

[20]

> 영어 문제

There are many great museums in Washington D.C. Sidney is going there next week for a week-long seminar. While there, he hopes ______________ as many museums as possible starting with the Smithsonian National Museum of Natural History.

(a) to see
(b) having seen
(c) seeing
(d) to have seen

> 문제해석

해석 워싱턴 D.C.에는 많은 훌륭한 박물관들이 있다. Sidney는 다음 주에 일주일간의 세미나를 위해 그곳에 갈 것이다. 그곳에 있는 동안, 그는 스미스소니언 국립 자연사 박물관을 시작으로 가능한 한 많은 박물관을 보기를 희망한다.

정답 **(a)**

문제 해설

해설 동명사 또는 to부정사를 목적어로 취하는 동사에 관한 준동사유형의 문제이다. hope는 to부정사만을 목적어로 취하는 동사이므로 빈칸에 들어갈 표현으로는 (a) to see가 적합하다.
과거완료 시제인 (d) to have seen은 본동사보다 더 이전의 일을 나타내므로 알맞지 않다.

[21]

> 영어 문제

Jim drove for one and a half hours to the nearest beach. After spending 1 hour at the beach, he decided to go home. If only it were cooler outside, he ______________ at the beach for much longer because it is his favorite past time.

(a) would have stayed
(b) has stayed
(c) will stay
(d) would stay

> 문제해석

해석 Jim은 가장 가까운 해변을 향해 1시간 30분 동안 운전했다. 해변에서 한 시간을 보낸 후, 그는 집으로 가기로 결심했다. 바깥이 더 시원하다면, 그것은 (해변에 머무르는 것은) 그가 가장 좋아하는 취미이기 때문에 훨씬 더 오래 해변에 머무를 것이다.

정답 **(d)**

문제 해설

해설 가정법의 유형을 파악하고 알맞은 동사의 시제를 선택하는 문제이다. 바깥 날씨가 더 시원하다면, 그는 훨씬 더 오래 해변에 머무를 것이라는 내용이므로, 현재 사실에 대한 반대의 가정을 나타내는 가정법 과거 문장임을 알 수 있다. 따라서 가정법 과거 형식인 [if + S + 과거동사/were, S + would/could/might + 동사원형]을 포함하고 있는 (d) would stay가 정답이다.

[22]

> 영어 문제

The rainforest is a very vital part of our planet's ecosystem. Loss of the rainforest effects the climate all over the world. ________________, the loss of the rainforest directly reduces the amount of oxygen released into the atmosphere.

(a) For example
(b) However
(c) Meanwhile
(d) Nevertheless

> 문제해석

해석 열대우림은 지구 생태계의 매우 중요한 부분이다. 열대우림의 손실은 전 세계의 기후에 영향을 미친다. 예를 들어, 열대 우림의 손실은 대기로 방출되는 산소의 양을 직접적으로 감소시킨다.

정답 (a)

문제 해설

해설 문맥상 알맞은 접속사/접속부사를 파악하는 문제이다. 열대우림의 손실은 전 세계의 기후에 영향을 미친다고 언급했고, 그 예시에 대해 설명하고 있으므로 빈칸에는 예시를 나타낼 때 사용하는 접속부사 (a) for example이 적절하다.

cf for example: 예를 들어(예시)
in other words: 다시 말해(부가)
meanwhile: 한편
nevertheless: 그럼에도 불구하고(역접)

[23]

> 영어 문제

Two weeks ago, Alison at work asked me to take care of her cat, Lulu. By the time she comes back, Lulu ________________ with me for two weeks. This is because she is going to New Jersey to study the effects of going to self-serve gas stations in that state.

(a) will be living
(b) has been living
(c) will have been living
(d) is living

> 문제해석

해석 2주 전, 직장에서 Alison은 나에게 그녀의 고양이인 Lulu를 돌봐달라고 부탁했다. 그녀가 돌아올 때쯤이면, Lulu는 2주 동안 나와 함께 살고 있을 것이다. 그녀는 뉴저지에 가서 셀프 주유소에 가는 것의 효과를 연구할 것이기 때문이다.

정답 (c)

문제 해설

해설 by the time 부사절의 의미를 이해하고 주절의 시제를 선택하는 문제이다. by the time 부사절은 '~할 때쯤에'라는 의미의 시간부사절로 G-TELP 시제유형의 문제에서는 미래를 나타내며 Lulu가 2주 동안 나와 함께 살고 있는 것은 미래에 진행 중일 동작이므로 보기 중 미래완료진행시제인 (c)가 정답이다.

[24]

> 영어 문제

Goal tending in basketball is a way for the offending team to get a penalty. Referees consider ________________ to be interfering with a ball that has a scoring chance.

(a) to have goaltended
(b) having goaltended
(c) to goaltend
(d) goaltending

> 문제해석

해석 농구에서 골 방어는 위반하는 팀이 페널티킥을 얻는 방법이다. 심판들은 골 방어를 득점 가능성이 있는 공을 방해하는 것으로 간주한다.

정답 **(d)**

문제 해설

해설 동명사 또는 to부정사를 목적어로 취하는 동사에 관한 준동사유형의 문제이다. consider는 동명사만을 목적어로 취하는 동사이므로 빈칸에 들어갈 표현으로는 (d) goaltending이 적합하다. 과거완료 시제인 (b) having goaltended는 주절의 본동사보다도 더 과거의 일을 나타내므로 문맥상 적절하지 않다.

[25]

> 영어 문제

The Dead Sea Scrolls are ancient Jewish and Hebrew religious manuscripts that were found in 1946 on the North Shore of the Dead Sea. The scrolls are writings that confirm the teaching of the Old Testament. If the scrolls hadn't been found, scholars ________________ such biblical knowledge.

(a) will not have gained
(b) would not have gained
(c) had not gained
(d) would not gain

> 문제해석

해석 사해문서는 1946년 사해의 북쪽 해안에서 발견된 고대 유대인식의 히브리어 종교 필사본이다. 그 두루마리들은 구약의 가르침을 확인하는 글들이다. 만약 그 두루마리들이 발견되지 않았더라면, 학자들은 그러한 성경적인 지식을 얻지 못했을 것이다.

정답 **(b)**

문제 해설

해설 가정법의 유형을 파악하고 알맞은 동사의 시제를 선택하는 문제이다. 사해문서가 발견되지 않았다면, 학자들은 그러한 성경 지식을 얻지 못했을 것이라는 내용이므로, 사해 문서를 발견했다는 과거 사실에 대한 반대의 가정을 나타내는 가정법 과거완료 문장임을 알 수 있다. 따라서 가정법 과거완료 형식인 [if + S + had p.p., S + would/could/might + have p.p.]을 포함하고 있는 (b) would not have gained가 정답이다.

[26]

> 영어 문제

Brian is going to Texas to visit his relatives for Labor Day. His new car has internet access so he is downloading the Amazon music app to his phone. This will allow him ____________ to his favorite music on the long drive.

(a) listening
(b) to have listened
(c) having listened
(d) to listen

> 문제해석

해석 Brian은 근로자의 날에 친척들을 방문하기 위해 텍사스로 갈 것이다. 그의 새 차는 인터넷 접속 기능이 있어서 그는 그의 휴대폰에 아마존 음악 앱을 다운로드하고 있다. 이것은 그가 장거리 운전 동안 가장 좋아하는 음악을 들을 수 있게 해 줄 것이다.

정답 (d)

문제 해설

해설 동사의 알맞은 목적격보어 형태를 묻는 문제이다. allow는 to부정사를 목적격보어로 취하는 동사이므로 빈칸에 들어갈 표현으로는 (d) to listen이 적합하다. 과거완료 시제인 (b) to have listened는 본동사보다도 더 과거의 일을 나타내므로 적절하지 않다.

실전모의고사 3 회

01

Bird migration is the regular seasonal movement, often north and south along a flyway, between breeding and wintering grounds. Many species of bird migrate. By the time the birds find a place for them to spend the winter, they ________________ for many days.

(a) have been flying
(b) will have been flying
(c) will be flying
(d) had flown

02

A supernova is the biggest explosion that humans have ever seen. Each blast is the extremely bright, super powerful explosion of a star. If our sun were to become a supernova, it ________________ all life on all the planets of our solar system.

(a) will wipe out
(b) would wipe out
(c) wiped out
(d) would have wiped out

03

The Chernobyl disaster was a nuclear accident. It is considered the worst nuclear disaster in history. The area around the former reactor number 4 is considered a safety hazard so a person ____________________ only visit for an official reason and the time on site is limited.

(a) would
(b) must
(c) might
(d) can

04

William had taken the exam to attend Officer Training and he had been waiting for the results. When the results were finally released this morning, he ____________ the flight line and did not find out the results until he returned to the main post.

(a) is patrolling
(b) was patrolling
(c) has patrolled
(d) patrols

05

David had to give the annual report to the board members on Friday. __________ it was his first time giving the report, he was very confident. The presentation earned him the respect of the board members.

(a) Unless
(b) Because
(c) After
(d) Although

06

Often a retired NFL player states that he could have won a Super Bowl if he had played for a team that had done better with the draft. If he had been on a team that he had better support he _________________ better and to his full potential.

(a) has been utilized
(b) could be utilized
(c) could have been utilized
(d) was being utilized

07

There are always rumors about pirates buried treasure and never to be found again. Many people track the movement of certain pirates to try to locate the buried treasure. Many treasure hunters envisioned ______________ the treasure after many years of research but only come up with an empty hole.

(a) having discovered
(b) discovering
(c) to discover
(d) to have discovered

08

The saying that once posted online, it is there forever is very true and has finished a lot of careers. There are programs called facial recognition that can search the internet for a person's face with great accuracy. Some people, after getting their dream job, the company insisted that they ______________ because of pictures that were posted of the person at an anti-government rally.

(a) was resign
(b) resigns
(c) had resigned
(d) resign

09

One of the most dangerous remains of a war is unexploded bombs. They are found around the world in places that had wars over the years. Bombs are found in Japan and Germany often due to the number of bombs dropped during WW 2. They are found and disarmed by EOD personnel. If they had not been disarmed, the blast ________________ people in the surrounding area today.

(a) would have killed
(b) had killed
(c) would kill
(d) was killing

10

Fishing tournaments are held around the country. The winners are judged by the largest fish and also the total weight of fish caught. Bill entered a tournament held at a local lake and because he knew the lake layout. He hoped ______________ in the top ten but because of bad weather he did not.

(a) to finish
(b) finishing
(c) having finished
(d) to be finishing

11

Amy's family had been planning to get together for dinner at the local Pizza Deluxe restaurant. It will be this month's restaurant of choice. The traffic on the way has caused her to be quite late. She expects that her family ________________ pizza when she arrives.

(a) have already eaten
(b) were already eating
(c) will already be eating
(d) will already eat

12

The Dome of the Rock ,____________________________ was designed by the Umayyad caliph. The rock over which the shrine was built is sacred to both Muslims and Jews. Although it is not a mosque, it is the first major Muslim monument for public worship.

(a) that was built in the late 7thcentury
(b) what built in the late 7thcentury
(c) which built in the late 7thcentury
(d) who built in the late 7thcentury

13

Dave has always wanted to have a walkway along the bank of the Broad River. He approached the town planners with his idea and awaited their approval. He enjoys ________________ himself to his ideas and the ideas of others for a better community to live in.

(a) to have committed
(b) to be committing
(c) committing
(d) having committed

14

The town of Centralia, PA has a strange history. In 1962, a fire was started to burn trash in the local dump. The burning trash started a fire in a coal seam underground and the fire ____________ continuously since 1962.

(a) was burning
(b) is burning
(c) will be burning
(d) has been burning

15

After undergoing an Xray after his car accident, Dave found out that he has extra sets of ribs. The extra ribs are called neck ribs because of their location. Because of the fact that the extra ribs do not cause pain or discomfort, his doctor does not think he _______________ have the ribs removed.

(a) can
(b) would
(c) may
(d) should

16

Jim has been the lead salesman at Vaden Automotive for the last 6 months. He has the best customer rapport of all the salesman including the lead salesman. If I were him, I ________________________ a real and tangible raise during the next performance review.

(a) would demand
(b) would have demanded
(c) will demand
(d) have demanded

17

The football team, Dallas Cowboys, have struggled to make the playoffs each year. In the off season the coach and his representatives have created what they think is a winning team. ________________________, the season will tell whether or not they succeeded.

(a) However
(b) In contrast
(c) After all
(d) Moreover

18

The American military has education requirements for enlistment. All recruits must have at least a high school diploma. They require that officer candidates ______________________ a recipient of a minimum of a bachelor's degree.

(a) will be
(b) have been
(c) be
(d) were

19

There are treatments for HIV both known and experimental. The quest is to keep the immune system from failing. If HIV treatment were stopped, the virus ________________ other organs and then the virus is called AIDS.

(a) will infect
(b) could have infected
(c) could infect
(d) can infect

20

Planting the same crop year after year (monoculture) could reduce the yield of the crop because of soil depletion. Currently, scientists ________________ crop rotation and what type of crops can revitalize the soil for greater yield.

(a) are exploring
(b) have explored
(c) were exploring
(d) will explore

21

Mr. Williams is the founder and first president of Williams Enterprises. He had devoted his whole adult life to create and run the company and all this on a high school diploma. During his life he created a fund to support education. He promoted ________________ and continuing education as a way to get ahead in the business world.

(a) to learn
(b) having learned
(c) to have learned
(d) learning

22

Taking your car to a non-dealership shop is a way to save money on repairs. Before taking your car to one of these shops you need to check on the shops rating. If you chose a shop with a good rating, it is important that you ________________ while they repair your car so that you know they completed the tasks as the way you had expected.

(a) will watch
(b) watch
(c) have watched
(d) watched

23

The military uses magnetic IDs for building access and computer access. These cards are called CAC cards which is short for Common Access Card. Before they heightened security of these cards, security ______________________ incidents building security and computer security for more than a year. These cards have eliminated the problem for several years.

(a) had been dealing with
(b) are dealing with
(c) deal with
(d) have been dealing with

24

The latest basketball game was on a school night. That created a problem for students that needed to be home studying. Jeff, for instance, had a major quiz scheduled for the next day. He ___________________ for the entire game if he hadn't needed to go home and study.

(a) would stay
(b) would have stayed
(c) had stayed
(d) will have stayed

25

I will soon marry into the Brown family. I have met most of my future husband's family and already consider them my family. I have never met his Uncle Bill. He lives far away from the local area and I hope he makes it to the wedding. He is my only relative ____________________ and I look forward to meeting him soon.

(a) what I've never seen yet
(b) whom I've never seen yet
(c) where I've never seen yet
(d) which I've never seen yet

26

Sally makes her own clothes from her own design. Her clothes are truly unique and one-of-a-kind. People have told her to model her clothes and see if it could be a profitable business for her. The local mall was having a fashion show and her friends told her to enter. She was hesitant ____________________ in a fashion show with her clothes. When she did finally her clothes were a big hit.

(a) appearing
(b) to have appeared
(c) having appeared
(d) to appear

실전모의고사 3 회

01. (b) 02. (b) 03. (b) 04. (b) 05. (d) 06. (c) 07. (b) 08. (d) 09. (c) 10. (a) 11. (c) 12. (c) 13. (c)
14. (d) 15. (d) 16. (a) 17. (c) 18. (c) 19. (c) 20. (a) 21. (d) 22. (b) 23. (a) 24. (b) 25. (b) 26. (d)

[01]

> 영어 문제

Bird migration is the regular seasonal movement, often north and south along a flyway, between breeding and wintering grounds. Many species of bird migrate. By the time the birds find a place for them to spend the winter, they ______________ for many days.

(a) have been flying
(b) will have been flying
(c) will be flying
(d) had flown

> 문제해석

해석 철새 이동은 번식지와 월동지 사이의 비행길을 따르는 대개 남북으로의 정기적인 계절적 이동이다. 많은 종류의 새들이 이동한다. 철새들이 겨울을 보낼 장소를 찾을 때쯤이면 그들은 몇일동안이나 날아가고 있는 중일 것이다.

정답 (b)

문제 해설

해설 By the time 부사절의 의미를 이해하고 주절의 시제를 선택하는 문제이다. By the time 부사절은 '~할 때쯤에'라는 의미의 시간부사절로 G-TELP시험에서는 주로 미래의 시점의 일을 나타내며 또한 for many days (몇일동안) 이라는 기간이 나오므로 보기 중 미래완료진행시제인 (b)가 정답이다.

[02]

> 영어 문제

A supernova is the biggest explosion that humans have ever seen. Each blast is the extremely bright, super powerful explosion of a star. If our sun were to become a supernova, it ______________ all life on all the planets of our solar system.

(a) will wipe out
(b) would wipe out
(c) wiped out
(d) would have wiped out

> 문제해석

해석 초신성은 인간이 봐온 것 중 가장 큰 폭발이다. 각각의 폭발은 극도로 밝고 아주 강력한 별의 폭발이다. 만약 우리의 태양이 초신성이 된다면, 그것은 우리의 태양계에 있는 모든 행성의 모든 생명체를 없애 버릴 것이다.

정답 (b)

문제 해설

해설 가정법의 유형을 파악하고 알맞은 동사의 시제를 선택하는 문제이다. 만약 우리의 태양이 초신성이 된다면 태양계 모든 행성의 생명체를 없애 버릴 거라는 내용이므로, 현재 일어날 가능성이 희박한 가정을 나타내는 were toV 가정법 유형임을 알 수 있다. 주절에 were toV가 보이므로 [if + S + were toV, S + would/could/might + 동사원형]을 포함하고 있는 (b) would wipe out이 정답이다.

[03]

> 영어 문제

The Chernobyl disaster was a nuclear accident. It is considered the worst nuclear disaster in history. The area around the former reactor number 4 is considered a safety hazard so a person ______________ only visit for an official reason and the time on site is limited.

(a) would
(b) must
(c) might
(d) can

> 문제해석

해석 체르노빌 참사는 원자력 사고였다. 그것은 역사상 최악의 핵 재난으로 여겨진다. 이전 4번 원자로 주변은 안전 위험 요소로 간주되어 공식적인 이유로만 방문해야 하고 현장 방문 시간은 제한되어 있다.

정답 (b)

문제 해설

해설 빈칸에 들어갈 문맥상 적절한 조동사를 찾는 문제이다. 안전 위험 요소로 간주되는 장소인 4번 원자로 주변으로의 방문에 대한 의무를 나타내고 있으므로 보기 중 의무를 나타내는 조동사에 해당하는 (b) must가 정답이다.

[04]

> 영어 문제

William had taken the exam to attend Officer Training and he had been waiting for the results. When the results were finally released this morning, he ____________ the flight line and did not find out the results until he returned to the main post.

(a) is patrolling
(b) was patrolling
(c) has patrolled
(d) patrols

> 문제해석

해석 Wiliam은 장교 훈련에 참석하기 위해 시험을 치렀고 결과를 기다리고 있었다. 오늘 오전 마침내 결과가 공개되었을 때, 그는 비행 대기 선을 순찰하고 있었고 본진으로 돌아올 때까지 결과를 알지 못했다.

정답 (b)

문제 해설

해설 빈칸에 들어갈 알맞은 시제를 고르는 문제이다. 시험의 결과가 공개되었을 무렵에 (when the results were finally released this morning) William은 비행 대기 선을 순찰 중이었음을 나타내고 있으므로 빈칸에 가장 적절한 것은 과거진행시제인 (b) was patrolling이다. when+주어+단순과거시제가 보인다면 정답은 과거진행형이다.

[05]

> 영어 문제

David had to give the annual report to the board members on Friday. _________ it was his first time giving the report, he was very confident. The presentation earned him the respect of the board members.

(a) Unless
(b) Because
(c) After
(d) Although

> 문제해석

해석 David는 금요일에 이사회 구성원들에게 연간 보고를 해야 했다. 그것이 그의 첫 보고였음에도 불구하고, 그는 매우 자신감이 있었다. 그 발표는 그가 이사회 구성원들로부터 존경을 얻어내도록 해주었다.

정답 **(d)**

문제 해설

해설 빈칸에 들어갈 문맥상 적절한 접속사/접속부사를 찾는 문제이다. David의 연간 보고가 그의 첫 보고였음에도 불구하고 그는 자신감이 있었다는 내용이 자연스러우므로 '~에도 불구하고'라는 양보의 의미를 가진 접속사 (d) Although가 정답이다.

cf unless: ~하지 않는 한
because: ~이기 때문에
after: ~ 이후에
although: ~에도 불구하고

[06]

> 영어 문제

Often a retired NFL player states that he could have won a Super Bowl if he had played for a team that had done better with the draft. If he had been on a team that he had better support he _______________ better and to his full potential.

(a) has been utilized
(b) could be utilized
(c) could have been utilized
(d) was being utilized

> 문제해석

해석 대개 은퇴한 NFL 선수는 드래프트에서 더 잘한 팀에서 경기를 했다면 슈퍼볼에서 우승할 수 있었을 것이라고 말한다. 만약 그가 더 나은 지원을 받는 팀에 있었더라면 그는 더 좋게 그리고 그의 최대 잠재력까지 활용되어질 수 있었을 것이다.

정답 **(c)**

문제 해설

해설 가정법의 유형을 파악하고 알맞은 동사의 시제를 선택하는 문제이다. 만약 은퇴한 NFL 선수가 과거에 더 나은 지원을 받는 팀에 있었다면 그는 더 좋게 활용될 수 있었을 것이라는 내용이므로, 과거 사실에 대한 반대의 가정을 나타내는 가정법 과거완료 문장임을 알 수 있다. 따라서 가정법 과거완료 문장의 형식인 [if + S + had p.p., S + would/could/might + have p.p.]을 갖추고 있는 (c) could have been utilized가 정답이다.

[07]

> 영어 문제

There are always rumors about pirates buried treasure and never to be found again. Many people track the movement of certain pirates to try to locate the buried treasure. Many treasure hunters envisioned ____________ the treasure after many years of research but only come up with an empty hole.

(a) having discovered
(b) discovering
(c) to discover
(d) to have discovered

> 문제해석

해석 해적들이 보물을 묻고 다시는 발견되지 않는다는 소문은 항상 있다. 많은 사람들이 묻힌 보물을 찾아내기 위해 특정 해적들의 움직임을 추적한다. 많은 보물 사냥꾼들은 수년간의 연구 후 보물을 발견하는 것을 상상했지만 빈 구멍만 찾아낸다.

정답 (b)

문제 해설

해설 동명사 또는 to부정사를 목적어로 받는 동사에 관한 준동사유형의 문제이다. envision은 동명사만을 목적어로 취하는 동사이므로 빈칸에 들어갈 표현으로는 (b) discovering이 적합하다. 과거완료 시제인 (a) having discovered는 본동사보다 더 이전의 일을 나타내므로 알맞지 않다.

[08]

> 영어 문제

The saying that once posted online, it is there forever is very true and has finished a lot of careers. There are programs called facial recognition that can search the internet for a person's face with great accuracy. Some people, after getting their dream job, the company insisted that they ____________ because of pictures that were posted of the person at an anti-government rally.

(a) was resign
(b) resigns
(c) had resigned
(d) resign

> 문제해석

해석 한 번 온라인에 게시되면 영원히 존재한다는 말은 매우 사실이며 많은 이력을 쌓아 왔다. 굉장한 정확도로 사람의 얼굴을 인터넷에서 검색할 수 있는 안면 인식이라는 프로그램들도 있다. 어떤 사람들은 꿈의 직장을 구한 뒤 반정부 집회에 있던 사람으로 게시된 사진들 때문에 회사 측에서 그들은 퇴사해야만 한다라고 요구했다.

정답 (d)

문제 해설

해설 보기 상에 동사원형과 동사원형+s,es가 포함되어 있는 걸로 보아 당위성 유형의 문제이다. 요구, 제안, 명령, 충고 등을 나타내는 동사 뒤에 오는 that절에서는 should가 생략되었다고 보고 시제에 상관없이 동사 원형을 쓴다. insist는 요구를 나타내는 당위성 동사이므로 빈칸에 알맞은 동사 형태는 동사원형 형태인 (d) resign이다.

cf 동사 insist 다음의 that절의 시제는 insist가 어떤 의미로 쓰였느냐에 따라 달라진다.

1) '요구하다'라는 의미로 쓰인 경우: (should) 동사원형
   ex) The doctor insisted that I (should) quit smoking right away.
   의사는 내가 당장 담배를 끊을 것을 요구했다.
2) '주장하다'라는 의미로 쓰인 경우: 시제일치
   ex) The man insisted that he was innocent.
   그 남자는 자신이 결백하다고 주장했다.

[09]

> 영어 문제

One of the most dangerous remains of a war is unexploded bombs. They are found around the world in places that had wars over the years. Bombs are found in Japan and Germany often due to the number of bombs dropped during WW 2. They are found and disarmed by EOD personnel. If they had not been disarmed, the blast ______________ people in the surrounding area today.

(a) would have killed
(b) had killed
(c) would kill
(d) was killing

> 문제해석

해석 전쟁의 가장 위험한 잔해 중 하나는 불발탄이다. 그것들은 수년간 전 세계의 전쟁이 있었던 장소들에서 발견된다. 2차 세계 대전 동안 떨어진 폭탄의 개수 때문에 일본과 독일에서 자주 폭탄들이 발견된다. 그것들은 EOD 요원들에 의해 발견되고 무장해제된다. 만약 그것들이 무장해제되지 않았더라면 그 폭발은 오늘날 주변 지역의 사람들을 죽일 것이다.

정답 (c)

문제 해설

해설 가정법의 유형을 파악하고 알맞은 동사의 시제를 선택하는 문제이다. 만약 폭탄들이 무장해제되지 않았다면 오늘날(today) 그 폭발이 주변 지역의 사람들을 죽일 것이라는 내용이므로, 과거 사실에 대한 반대 가정의 결과로 현재 어땠을 것임을 나타내는 혼합 가정법 문장임을 알 수 있다. 따라서 가정법 과거의 주절의 형태인 (c) would kill이 정답이다.

[10]

> 영어 문제

Fishing tournaments are held around the country. The winners are judged by the largest fish and also the total weight of fish caught. Bill entered a tournament held at a local lake and because he knew the lake layout. He hoped ____________ in the top ten but because of bad weather he did not.

(a) to finish
(b) finishing
(c) having finished
(d) to be finishing

> 문제해석

해석 낚시 토너먼트는 전국에서 열린다. 우승자들은 가장 큰 물고기와 잡은 물고기의 총 무게로 판정된다. Bill은 지역 호수에서 열린 토너먼트에 참가했는데, 그는 그 호수의 형태를 알고 있었기 때문이다. 그는 상위 10위 안에 드는 것을 희망했지만 안 좋은 날씨 때문에 그러지 못했다.

정답 (a)

문제 해설

해설 동명사 또는 to부정사를 목적어로 받는 동사에 관한 준동사 유형의 문제이다. hope는 to부정사만을 목적어로 취하는 동사이므로 빈칸에 들어갈 표현으로는 (a) to finish가 적합하다. 진행형인 (d) to be finishing은 문맥상 진행 동작을 나타낼 필요가 없으므로 이 문장에는 적절하지 않다.

[11]

> 영어 문제

Amy's family had been planning to get together for dinner at the local Pizza Deluxe restaurant. It will be this month's restaurant of choice. The traffic on the way has caused her to be quite late. She expects that her family ______________ pizza when she arrives.

(a) have already eaten
(b) were already eating
(c) will already be eating
(d) will already eat

> 문제해석

해석 Amy의 가족은 그 지역의 Pizza Deluxe 레스토랑에서 저녁 식사를 하기 위해 함께 모일 계획이었다. 그것은 이달의 선택 레스토랑이 될 것이다. 가는 길의 교통은 그녀를 꽤 늦게 했다. 그녀는 그녀가 도착할 때면 그녀의 가족이 이미 피자를 먹고 있을 것이라고 예상한다.

정답 (c)

문제 해설

해설 빈칸에 들어갈 알맞은 시제를 고르는 문제이다. Amy가 레스토랑에 도착할 무렵에 (when she arrives) Amy의 가족들은 이미 피자를 먹고 있을 것임을 나타내고 있으므로 빈칸에 가장 적절한 것은 미래진행시제인 (c) will already be eating이다. 시간부사절에서는 현재시제가 미래시제를 대신하므로 when절의 시제는 현재시제가 되었다.

[12]

> 영어 문제

The Dome of the Rock ,______________________ was designed by the Umayyad caliph. The rock over which the shrine was built is sacred to both Muslims and Jews. Although it is not a mosque, it is the first major Muslim monument for public worship.

(a) that was built in the late 7thcentury
(b) what built in the late 7thcentury
(c) which built in the late 7thcentury
(d) who built in the late 7thcentury

> 문제해석

해석 7세기 후반에 지어진 바위의 돔은 우마야드 칼리프에 의해 디자인되었다. 사당이 지어진 바위는 이슬람교도들과 유대인들 모두에게 신성시된다. 그것은 모스크는 아니지만, 공공 예배를 위한 최초의 주요 이슬람 기념물이다.

정답 (c)

문제 해설

해설 빈칸에 알맞은 관계사를 고르는 문제이다. 선행사는 The Dome of the Rock이므로 사람을 가리킬 때 사용하는 (d) who는 제외된다. 보기 (a)에 쓰인 what은 선행사를 받지 않는 관계대명사이기 때문에 선행사가 있는 이 경우에는 적절하지 않다. which 또는 that을 사용할 수 있는데, 빈칸 앞에 comma(,)가 있는 것으로 보아 계속적 용법으로 쓰이고 있으므로 that은 사용할 수 없다. 따라서 정답은 (c)가 된다.

[13]

> 영어 문제

Dave has always wanted to have a walkway along the bank of the Broad River. He approached the town planners with his idea and awaited their approval. He enjoys ________________ himself to his ideas and the ideas of others for a better community to live in.

(a) to have committed
(b) to be committing
(c) committing
(d) having committed

> 문제해석

해석 Dave는 항상 브로드 강의 기슭을 따르는 산책로를 걷고 싶어 했다. 그는 마을 계획가들에게 자신의 생각을 가지고 다가가 말을 했고 그들의 승인을 기다렸다. 그는 더 살기 좋은 지역 사회를 위해 자신의 생각과 다른 사람들의 생각에 전념하는 것을 즐긴다.

정답 (c)

문제 해설

해설 동명사 또는 to부정사를 목적어로 받는 동사에 관한 준동사유형의 문제이다. enjoy는 동명사만을 목적어로 취하는 동사이므로 빈칸에 들어갈 표현으로는 (c) committing이 적합하다. 과거완료 시제인 (d) having committed는 본동사보다 더 이전의 일을 나타내므로 알맞지 않다.

[14]

> 영어 문제

The town of Centralia, PA has a strange history. In 1962, a fire was started to burn trash in the local dump. The burning trash started a fire in a coal seam underground and the fire ____________ continuously since 1962.

(a) was burning
(b) is burning
(c) will be burning
(d) has been burning

> 문제해석

해석 펜실베니아 주의 Centralia 마을은 이상한 역사를 가지고 있다. 1962년에 지역 쓰레기장에서 쓰레기를 태우기 위한 불이 시작되었다. 불타는 쓰레기는 지하의 석탄층에서 불을 피웠고 그 불은 1962년부터 계속해서 타오르고 있는 중이다.

정답 (d)

문제 해설

해설 빈칸에 알맞은 시제를 파악하는 문제이다. since는 특정 시점부터 어떤 일이 지속되어 왔음을 의미하며, 주로 진행 시제(been)를 동반한다. 본 문장에서는 불이 1962년부터 현재까지 계속해서 타오르고 있음을 나타내고 있으므로, 과거에 시작한 행동이 현재까지 이어짐을 나타내는 현재완료진행형인 (d) has been burning이 빈칸에 적합하다.

[15]

> 영어 문제

After undergoing an Xray after his car accident, Dave found out that he has extra sets of ribs. The extra ribs are called neck ribs because of their location. Because of the fact that the extra ribs do not cause pain or discomfort, his doctor does not think he ______________ have the ribs removed.

(a) can
(b) would
(c) may
(d) should

> 문제해석

해석 교통사고 후 엑스레이 촬영을 한 후, Dave는 그가 여분의 갈비뼈 한 쌍을 가지고 있음을 알게 되었다. 여분의 갈비뼈는 위치 때문에 목갈비라고 불린다. 여분의 갈비뼈가 통증이나 불편을 유발하지 않는다는 사실 때문에, 그의 의사는 그 갈비뼈를 제거해야 한다고 생각하지 않는다.

정답 **(d)**

문제 해설

해설 빈칸에 들어갈 문맥상 적절한 조동사를 찾는 문제이다. 여분의 갈비뼈가 통증이나 불편을 유발하지 않으므로 Dave의 의사는 그 갈비뼈를 제거해야 할 의무를 느끼지 않을 것이다. 따라서 보기의 조동사 중 의무를 나타내는 (c) should가 정답이다.

cf 조동사의 종류
can: ~할 수 있다 (능력/실현 가능성이 있는 추측)
would(will의 과거형): ~이었을 것이다 (과거 시점에서의 미래 의지/과거의 습관)
may: ~할 수도 있다, ~해도 좋다 (불확실한 추측/허락)
should: ~해야 한다, 분명 ~일 것이다 (의무/실현 가능성이 높은 추측)

[16]

> 영어 문제

Jim has been the lead salesman at Vaden Automotive for the last 6 months. He has the best customer rapport of all the salesman including the lead salesman. If I were him, I __________________ a real and tangible raise during the next performance review.

(a) would demand
(b) would have demanded
(c) will demand
(d) have demanded

> 문제해석

해석 Jim은 지난 6개월 동안 Vaden Automotive의 수석 판매원이었다. 그는 수석 판매원을 포함한 모든 판매원 중에서 최고의 고객 관계를 가지고 있다. 만약 내가 그라면, 나는 다음 업무 평가 동안 실질적이고 명백한 임금 인상을 요구할 것이다.

정답 **(a)**

문제 해설

해설 가정법의 유형을 파악하고 알맞은 시제를 선택하는 문제이다. 현재 내가 Jim이라면 다음 업무 평가 동안 실제로 실재하는 인상을 요구할 것이라는 내용이므로, 현재 사실에 대한 반대의 가정을 나타내는 가정법 과거 문장임을 알 수 있다. 따라서 가정법 과거 형식인 [if + S + 과거동사/were, S + would/could/might + 동사원형]을 포함하고 있는 (a) would demand가 정답이다.

[17]

> 영어 문제

The football team, Dallas Cowboys, have struggled to make the playoffs each year. In the off season the coach and his representatives have created what they think is a winning team. ____________________, the season will tell whether or not they succeeded.

(a) However
(b) In contrast
(c) After all
(d) Moreover

> 문제해석

해석 축구 팀 Dallas Cowboys는 매년 플레이오프에 진출하기 위해 고군분투해왔다. 비시즌에 코치와 그의 대리인들은 그들이 우승 팀이 될 것이라고 생각하는 것 (팀)을 만들었다. 결국에는, 그 시즌은 그들이 성공했는지 아닌지를 말해줄 것이다.

정답 (c)

문제 해설

해설 문맥상 알맞은 접속사/접속부사를 파악하는 문제이다. 비시즌에 코치와 그의 대리인들은 우승 예측 팀을 만들었고, 그 시즌이 그들의 성공 여부를 말해주는 것은 결국 시즌이 되어봐야 결과가 나올 것이므로, 결과를 나타내는 접속부사인 (c) After all이 정답이다.

cf however: 그러나(역접)
in contrast: 그에 반해서(대조)
after all: 결국에는(결과)
moreover: 게다가(추가)

[18]

> 영어 문제

The American military has education requirements for enlistment. All recruits must have at least a high school diploma. They require that officer candidates ____________________ a recipient of a minimum of a bachelor's degree.

(a) will be
(b) have been
(c) be
(d) were

> 문제해석

해석 미군은 입대에 있어 학력 요건을 갖추고 있다. 모든 신병들은 적어도 고등학교 졸업장이 있어야 한다. 그들은 장교 후보자들이 최소한 학사 학위 소지자여야 함을 요구한다.

정답 (c)

문제 해설

해설 that절의 빈칸에 알맞은 동사의 형태를 선택하는 문제이다. 요구, 제안, 명령, 충고 등을 나타내는 동사 뒤에 오는 that절에서는 should가 생략되었다고 보고 시제에 상관없이 동사 원형을 쓴다. require는 요구를 나타내는 당위성동사이므로 빈칸에 알맞은 동사 형태는 be동사의 동사원형 형태인 (c) be이다.

[19]

> 영어 문제

There are treatments for HIV both known and experimental. The quest is to keep the immune system from failing. If HIV treatment were stopped, the virus ______________ other organs and then the virus is called AIDS.

(a) will infect
(b) could have infected
(c) could infect
(d) can infect

> 문제해석

해석 HIV에 대한 치료법은 알려진 것과 실험적인 것 둘 다 있다. 탐구 대상은 면역체계를 실패로부터 막는 것이다. 만약 HIV 치료가 중단된다면, 바이러스는 다른 장기들을 감염시킬 수 있고, 그 후 그 바이러스는 에이즈라고 불린다.

정답 (c)

문제 해설

해설 가정법의 유형을 파악하고 알맞은 시제를 선택하는 문제이다. 만약 HIV 치료가 중단된다면, 바이러스는 다른 장기들을 감염시킬 수 있다는 내용이므로, 현재 사실에 대한 반대의 가정을 나타내는 가정법 과거 문장임을 알 수 있다. 따라서 가정법 과거 형식인 [if + S + 과거동사/were, S + would/could/might + 동사원형]을 포함하고 있는 (c) could infect가 정답이다.

[20]

> 영어 문제

Planting the same crop year after year (monoculture) could reduce the yield of the crop because of soil depletion. Currently, scientists ______________ crop rotation and what type of crops can revitalize the soil for greater yield.

(a) are exploring
(b) have explored
(c) were exploring
(d) will explore

> 문제해석

해석 매년 같은 작물을 심는 것은 (단일 재배) 토양 고갈로 인해 작물의 수확량을 감소시킬 수 있다. 현재, 과학자들은 윤작과 어떤 종류의 작물이 더 많은 수확량을 위해 토양을 재생시킬 수 있는지 연구하고 있다.

정답 (a)

문제 해설

해설 빈칸에 들어갈 알맞은 시제를 구하는 문제이다. 현재 과학자들이 연구하고 있는 것이 무엇인지에 관한 내용이므로 보기 중 현재진행시제인 (a) are exploring이 정답이다. currently(현재)와 같이 시간을 나타내는 표현들을 알아 두면 시제 문제 풀이에 도움이 된다.

[21]

> 영어 문제

Mr. Williams is the founder and first president of Williams Enterprises. He had devoted his whole adult life to create and run the company and all this on a high school diploma. During his life he created a fund to support education. He promoted _______________ and continuing education as a way to get ahead in the business world.

(a) to learn
(b) having learned
(c) to have learned
(d) learning

> 문제해석

해석 Williams 씨는 Williams Enterprises의 설립자이자 최초의 사장이다. 그는 회사를 설립하고 운영하기 위해 성인으로서의 삶 전체를 바쳤고 이 모든 것은 고등학교 졸업장을 가지고 한 일이다. 그는 일생 동안 교육을 지원하기 위한 기금을 만들었다. 그는 비즈니스 세계에서 출세하기 위한 방법으로 학습과 지속적인 교육 (평생교육)을 장려했다.

정답 (d)

문제 해설

해설 동명사 또는 to부정사를 목적어로 받는 동사에 관한 준동사유형의 문제이다. promote는 동명사만을 목적어로 취하는 동사이므로 빈칸에 들어갈 표현으로는 (c) learning이 적합하다. and 뒤에 나온 continuing과 병렬 구조를 이루고 있으므로 (d) having learned는 본동사보다 더 이전의 일을 나타내므로 알맞지 않다.

[22]

> 영어 문제

Taking your car to a non-dealership shop is a way to save money on repairs. Before taking your car to one of these shops you need to check on the shops rating. If you chose a shop with a good rating, it is important that you _______________ while they repair your car so that you know they completed the tasks as the way you had expected.

(a) will watch
(b) watch
(c) have watched
(d) watched

> 문제해석

해석 당신의 차를 사설 수리업체에 가져가는 것은 수리하는 데 드는 비용을 절약하는 방법들 중 하나이다. 이러한 업체들 중 하나에 당신의 차를 가져가기 전에 당신은 업체 평가를 확인할 필요가 있다. 당신이 평가가 좋은 업체를 선택한다면, 당신이 예상했던 대로 그들이 작업을 완료했다는 것을 알 수 있도록 그들이 수리하는 동안 지켜보는 것이 중요하다.

정답 (b)

문제 해설

해설 that절의 빈칸에 알맞은 동사의 형태를 선택하는 문제이다. [It is + 보어 + that + S + V] 구문에서 보어 자리에 오는 형용사가 필수, 의무, 당연 등을 나타낼 때 that절의 동사는 should가 생략되었다고 보고 시제에 상관없이 동사 원형을 쓴다. that절 앞에 important라는 당위성 형용사가 사용되었으므로 빈칸에 알맞은 동사 형태는 동사원형 형태인 (b) watch이다.

[23]

> 영어 문제

The military uses magnetic IDs for building access and computer access. These cards are called CAC cards which is short for Common Access Card. Before they heightened security of these cards, security ____________ incidents building security and computer security for more than a year. These cards have eliminated the problem for several years.

(a) had been dealing with
(b) are dealing with
(c) deal with
(d) have been dealing with

> 문제해석

해석 군대는 건물 출입과 컴퓨터 접속을 위해 자석 ID를 사용한다. 이 카드들은 CAC 카드라고 불리며, 이는 Common Access Card의 줄임말이다. 그들이 이 카드들의 보안을 강화하기 전에는 일 년이 넘도록 경비 담당이 건물 보안과 컴퓨터 보안상의 사고를 처리해 오고있던 중이었다. 이 카드들은 몇 년 동안 문제를 제거해 왔다.

정답 **(a)**

문제 해설

해설 빈칸에 알맞은 시제를 파악하는 문제이다. '~이전에'를 뜻하는 before절의 시제가 과거이므로, 빈칸이 들어간 주절은 그보다 더 이전의 시점을 나타내고 있음을 알 수 있다. 따라서 특정 과거 시점보다 더 이전에 "몇 년동안"진행 중이었음을 나타내는 과거완료진행형 (a) had been dealing with가 정답이다.

[24]

> 영어 문제

The latest basketball game was on a school night. That created a problem for students that needed to be home studying. Jeff, for instance, had a major quiz scheduled for the next day. He ____________ for the entire game if he hadn't needed to go home and study.

(a) would stay
(b) would have stayed
(c) had stayed
(d) will have stayed

> 문제해석

해석 가장 최근의 농구 경기는 학교에 가기 전날 밤에 있었다. 그것은 공부하느라 집에 있어야 하는 학생들에게 문제를 만들었다. 예를 들어, Jeff는 다음 날 예정된 중요한 퀴즈가 있었다. 그는 집에 가서 공부할 필요가 없었더라면 경기 내내 남아 있었을 것이다.

정답 **(b)**

문제 해설

해설 가정법의 유형을 파악하고 알맞은 동사의 시제를 선택하는 문제이다. 만약 Jeff가 집에 가서 공부할 필요가 없었더라면 경기 내내 남아 있었을 것이라는 내용이므로, 과거 사실에 대한 반대의 가정을 나타내는 가정법 과거완료 문장임을 알 수 있다. 따라서 가정법 과거완료 문장의 형식인 [S + would/could/might + have p.p. + if + S + had p.p.]을 갖추고 있는 (b) would have stayed가 정답이다.

[25]

> 영어 문제

I will soon marry into the Brown family. I have met most of my future husband's family and already consider them my family. I have never met his Uncle Bill. He lives far away from the local area and I hope he makes it to the wedding. He is my only relative ____________________ and I look forward to meeting him soon.

(a) what I've never seen yet
(b) whom I've never seen yet
(c) where I've never seen yet
(d) which I've never seen yet

> 문제해석

해석 나는 곧 Brown 가문과 결혼할 것이다. 나는 미래의 남편의 가족 대부분을 만났고 이미 그들을 내 가족으로 여긴다. 나는 그의 Bill 삼촌을 만난 적이 없다. 그는 현지 지역으로부터 멀리 떨어진 곳에 살고 있고 나는 그가 결혼식에 꼭 참석하기를 바란다. 그는 내가 아직 보지 못한 유일한 친척이고 나는 그를 곧 만나기를 고대한다.

정답 (b)

문제 해설

해설 빈칸에 알맞은 관계사를 고르는 문제이다. 선행사 my only relative는 사람을 나타내므로 관계사는 who(m)이 될 수 있는데, 관계사절에서 목적어가 생략된 것으로 보아 목적격 관계대명사가 알맞음을 알 수 있으므로 사람을 나타내는 목적격 관계대명사 whom이 들어간 보기 (b) whom I've never seen yet이 정답이다.

[26]

> 영어 문제

Sally makes her own clothes from her own design. Her clothes are truly unique and one-of-a-kind. People have told her to model her clothes and see if it could be a profitable business for her. The local mall was having a fashion show and her friends told her to enter. She was hesitant ____________________ in a fashion show with her clothes. When she did finally her clothes were a big hit.

(a) appearing
(b) to have appeared
(c) having appeared
(d) to appear

> 문제해석

해석 Sally는 자신만의 디자인으로 자신만의 옷을 만든다. 그녀의 옷은 정말 독특하고 유일무이하다. 사람들은 그녀에게 옷의 모델이 되어서 그것이 그녀에게 이익이 되는 사업이 될 수 있는지를 알아보라고 말해왔다. 지역 쇼핑몰은 패션쇼를 열고 있었고 그녀의 친구들은 그녀에게 참가하라고 말했다. 그녀는 그녀의 옷을 입고 패션쇼에 출연하는 것을 주저했다. 마침내 그녀가 해냈을 때 그녀의 옷은 대히트를 쳤다.

정답 (d)

문제 해설

해설 to부정사를 활용한 관용적 표현을 묻는 문제이다. be hesitant toV: to부정사하는 것을 망설이는 이란 표현이다. Sally가 그녀의 옷을 입고 패션쇼에 출연하는 것을 주저했다는 내용이므로 빈칸에는 to부정사가 들어가는 것이 적절하다. 따라서 보기 중 to부정사의 기본시제 형태인 (d) to appear가 정답이다. (b)는 주절의 시제보다 앞선 의미를 나타내는 완료부정사이므로 문맥상 적절하지 않다.

실전모의고사 4 회

01

It seems like computers have been around for a very long time, but the PC or personal computer has been around since 1981. The first PC's used an operating system developed by IBM. My first IBM based computer cost me $3300 in 1985. Many computer magazines have suggested _______________ to IBM as the founder of the PC.

(a) to refer
(b) to be referring
(c) referring
(d) having referred

02

Ron doesn't follow football like I do. So when we are talking about football at work, he gets confused. When I saw him yesterday, he _______________ to remember when the Super Bowl is being played. It is being played on Sunday, February the 2nd.

(a) still tried
(b) was still trying
(c) would still try
(d) had still tried

03

Almost daily, you see on the news about the glaciers melting. This will cause sea levels to rise and flood low-lying areas of the world. It is therefore imperative that researchers _______________ a way to stop the decline of the glaciers and increase their mass.

(a) are finding
(b) found
(c) find
(d) will find

04

Bitcoins are international cyber currency. The U.S. Securities and Exchange Commission, SEC, ______________ multiple Bitcoin ETF(Exchange-traded Fund) proposals for the first time.

(a) is now reviewing
(b) now reviews
(c) now reviewed
(d) had now reviewed

05

Cross-country running is a very popular form of running on trails in state and national forests. Many runners were drawn to this sport by a love of nature. During a run, the runners _________ a variety of terrains and degrees of difficulty since 1905 when it was started for the first time.

(a) are traversing
(b) will traverse
(c) have been traversing
(d) would traverse

06

Pete doesn't understand the rules of football and the meaning of the penalties. He has been going to local high school games ______ the play and to try to understand the rules of the game. This hasn't proved to be helping him at all.

(a) to be watching
(b) to watch
(c) having watched
(d) watching

07

James has lived in the south all his life, and recently he accepted an invitation to visit North Dakota from a college friend. His friend told him that he _____ bring warm clothes because they are having an early winter this year.

(a) could
(b) will
(c) should
(d) may

08

Electric cars are gaining popularity for their lack of pollutants. As a test of the 300-mile range of my new car, I planned a course that was exactly 300 miles. During the trip, I excluded any hilly terrain. I would not have returned home if I _____________ as much energy as I could.

(a) had not conserved
(b) would not conserved
(c) were not conserving
(d) did not conserve

09

Our company is making plans to expand and will require more employees. The first part of the hiring process will be only online. The advertisement for the jobs will be done online at major job sites. Resumes must be uploaded to these sites, and those ____________________ will be invited for an interview by text message.

(a) whom they are a good fit for the position
(b) who are a good fit for the position
(c) when they are a good fit for the position
(d) which are a good fit for the position

10

The sitting president and his party historically do well during the second term elections. Some of this might be that only the other parties have debates and during the debates, the candidates spend too much time tearing each other apart. The Republican party can anticipate ________________ this election very well.

(a) having finished
(b) to finish
(c) to be finishing
(d) finishing

11

Keeping a car for a long time has the advantage of the car being paid off. __________, some of the disadvantages are that more maintenance is required as the car gets older and parts are not as available.

(a) However
(b) Therefore
(c) Besides
(d) Instead

12

Mason wants to go to college to study to be a communications specialist. This is a field that he has been interested in quite a while. Mason's holdup is that he lacks the money. If Mason had enough money, he ____________ to Chicago right now and get started.

(a) would have moved
(b) moves
(c) would move
(d) will move

13

In our area there is the threat of a hurricane all summer. If the authorities call for a complete evacuation, people end up in various places around the state. During the last hurricane evacuation, the authorities recommended that people ______________ for the all clear before they headed for their homes.

(a) wait
(b) are waiting
(c) will wait
(d) to wait

14

Hue is running late for the sports award presentations for the high school because of a car problem. Hue fears that by the time he arrives at the high school auditorium, Coach Murrey ______________ the main awards for this season.

(a) will already present
(b) will already be presenting
(c) is already presenting
(d) already presents

15

My first book, The First Rose, didn't do very well on the market. I didn't get the royalties I expected. If the book had only been thought out better and marketed better, I ______________ more royalties.

(a) got
(b) were getting
(c) would have gotten
(d) would get

16

Jim loves to travel out-of-the-way places whenever he gets a chance. He has a love for state and national parks. He has found many smaller parks that are truly out of the way. His experience with the parks has motivated him ______________ stories of his travels and start an Instagram account to share pictures.

(a) to write
(b) to be writing
(c) having written
(d) writing

17

Sally doesn't own a car because of the expense and her apartment building lacks enough parking places. Everyday, she walks to work, so she can have some exercise. She said that even if she owned a car, she ______________ to work for those reasons mentioned earlier.

(a) has still walked
(b) still walks
(c) is still walking
(d) would still walk

18

During this Christmas season, the term "Porch Pirate" was all over the news. A porch pirate is someone who steals a box that was delivered to your house. Some people are so brazen as to follow the FEDEX truck and grab the delivered package. Terry requested that the store ______________ him first before making the delivery.

(a) is notifying
(b) notify
(c) notifies
(d) will notify

19

One of the first signs that you may be raising a genius appears very early in a child's life. Getting to milestones way before than it was predicted ______ be a sign that your child is ready to be challenged.

(a) will
(b) must
(c) can
(d) shall

20

Remington Arms is one of the oldest gun makers in the world that is still producing firearms today. Since its opening until the first rifle was made in 1816, the company ____________________ a variety of firearms from revolvers to long guns.

(a) had been producing
(b) will produce
(c) would have produced
(d) produces

21

The sailing ship that Kim ordered was completed at the end of last month. The building of the ship has suffered many delays, and its completion is almost six months behind. We are now awaiting for the sails to arrive. If we had the sails, we ______________ on Saturday as planned.

(a) sailed
(b) would have sailed
(c) was sailing
(d) would sail

22

Newborn marsupials must be protected at birth. In order to do this, the mother is outfitted with a pouch, ________________. Besides offering a warm protected place to grow, the pouch contains mammary glands to nurse the young. The young will live in the pouch for up to 6 months.

(a) what is a fold of skin with an opening
(b) who is a fold of skin with an opening
(c) that is a fold of skin with an opening
(d) which is a fold of skin with an opening

23

During the annual spring cleaning, Sally considered _____________ the furniture around the house. She had ideas that would make the apartment more living space. She started in the living room and found the task more than she could handle. Because of this, only the furniture in the living room was done.

(a) to be rearranging
(b) rearranging
(c) having rearranged
(d) to rearrange

24

The black market will always be a cause for the reduced profits of makers of high-end goods. Items that have been selling for many years will reduce demand due to the flood of copies. Companies that have been very profitable for decades will strictly ban __________ copied items because of the loss of their profits.

(a) having produced
(b) to produce
(c) producing
(d) to have produced

25

Every morning, Amy has trouble getting up on time to get ready for work. __________ the alarm goes off, she turns it off. Because she knows how she is in the morning, she has many other alarms set on her phone at different intervals.

(a) As soon as
(b) Because
(c) As long as
(d) Whether

26

James River Farms is developing a new hybrid tomato with a longer shelf life than any natural product. Because of the short shelf life of a tomato, a lot of product is wasted. The Farms ________________ the shelf life for a year by the time the tomatoes are shipped to the market.

(a) would have tested
(b) is testing
(c) will have been testing
(d) will test

실전모의고사 4회

01. (c) 02. (b) 03. (c) 04. (a) 05. (c) 06. (b) 07. (c) 08. (a) 09. (b) 10. (d) 11. (a) 12. (c) 13. (a)
14. (b) 15. (c) 16. (a) 17. (d) 18. (b) 19. (c) 20. (a) 21. (d) 22. (d) 23. (b) 24. (c) 25. (a) 26. (c)

[01]

> 영어 문제

It seems like computers have been around for a very long time, but the PC or personal computer has been around since 1981. The first PC's used an operating system developed by IBM. My first IBM based computer cost me $3300 in 1985. Many computer magazines have suggested ____________ to IBM as the founder of the PC.

(a) to refer
(b) to be referring
(c) referring
(d) having referred

> 문제해석

해석 컴퓨터가 매우 오랜 시간 동안 존재해 온 것처럼 보이지만, PC나 개인용 컴퓨터는 1981년 이래로 존재해 왔다. 첫 번째 PC는 IBM에 의해 개발된 운영체제를 사용했다. 1985년에 나의 첫 번째 IBM 기반의 컴퓨터는 3300달러가 들었다. 많은 컴퓨터 잡지사는 IBM을 PC의 창시자로 언급 (부를 것)을 제안해 왔다.

정답 (c)

문제 해설

해설 동명사에 관한 문제이다. suggest는 동명사를 목적어로 취하는 동사이므로 referring이 옳다. having referred는 주절보다 더 이전의 시제를 나타내므로 옳지 않다.

cf refer somebody/something to as ~: ...를 ~라고 부르다, 언급하다, 여기다

[02]

> 영어 문제

Ron doesn't follow football like I do. So when we are talking about football at work, he gets confused. When I saw him yesterday, he ____________ to remember when the Super Bowl is being played. It is being played on Sunday, February the 2nd.

(a) still tried
(b) was still trying
(c) would still try
(d) had still tried

> 문제해석

해석 Ron은 내가 이해하는 것처럼 미식축구를 이해하지 못한다. 그래서 우리가 직장에서 축구에 관해 이야기할 때, 그는 혼란스러워한다. 내가 어제 그를 봤을 때, 그는 여전히 Super Bowl 경기가 언제 열리는지 기억하려고 노력하는 중이었다. 그것은 2월 2일 일요일에 경기될 것이다.

정답 (b)

문제 해설

해설 과거진행시제에 관한 문제이다. 어제라는 과거의 한 시점에 내가 Ron를 봤을 때 진행 중인 동작에 관해 이야기하고 있으므로 과거진행형인 was still trying이 옳다.

[03]

> 영어 문제

Almost daily, you see on the news about the glaciers melting. This will cause sea levels to rise and flood low-lying areas of the world. It is therefore imperative that researchers ______________ a way to stop the decline of the glaciers and increase their mass.

(a) are finding
(b) found
(c) find
(d) will find

> 문제해석

해석 거의 매일, 빙하가 녹아내리고 있다는 뉴스를 본다. 이것은 해수면을 상승시키고 세계 저지대 지역을 침수시킬 것이다. 그러므로 연구원들이 빙하의 축소를 멈추고 그것들의 면적을 증가시키는 방법을 반드시 찾아야 한다.

정답 (c)

문제 해설

해설 당위성 형용사가 쓰인 문장이다. 당위성을 나타내는 형용사 imperative 다음에 오는 that절의 동사 자리가 빈칸이므로, should가 생략된 동사원형 형태인 find가 오는 것이 옳다.

cf cause+목적어+to부정사: cause는 '목적어가 to부정사가 하게 하다'라는 5형식 동사로, 목적격 보어로 to부정사가 올 수 있다.

[04]

> 영어 문제

Bitcoins are international cyber currency. The U.S. Securities and Exchange Commission, SEC, ___________ multiple Bitcoin ETF(Exchange-traded Fund) proposals for the first time.

(a) is now reviewing
(b) now reviews
(c) now reviewed
(d) had now reviewed

> 문제해석

해석 비트코인은 국제 사이버 화폐이다.
미국증권거래위원회(SEC)는 처음으로 다수의 비트코인 ETF(Exchange-Traded Fund: 상장지수펀드) 제안을 현재 검토하는 중이다.

정답 (a)

문제 해설

해설 알맞은 시제의 동사를 고르는 문제이다. 모든 보기에 now라는 부사가 있는 것으로 보아 현재 이루어지고 있는 행위에 대해 말하고 있다는 것을 알 수 있다. 따라서 빈칸에는 현재진행형인 is now reviewing이 옳다. 현재 시제는 일반적 사실이나 불변의 진리, 또는 현재의 반복적이거나 습관적인 일을 나타내는 반면, 현재진행 시제는 현재 이루어지고 있는 행위를 나타낸다.

[05]

> 영어 문제

Cross-country running is a very popular form of running on trails in state and national forests. Many runners were drawn to this sport by a love of nature. During a run, the runners ________ a variety of terrains and degrees of difficulty since 1905 when it was started for the first time.

(a) are traversing
(b) will traverse
(c) have been traversing
(d) would traverse

> 문제해석

해석 크로스컨트리 달리기는 주유림과 국유림에 있는 길 위를 달리는 매우 인기 있는 방식이다. 많은 달리기 선수들은 자연을 사랑하는 마음에서 이 스포츠에 매력을 느꼈다. 달리는 동안, 달리기 선수들은 그 대회가 최초로 시작된 1905년이래로 다양한 지형과 난이도 있는 지형을 횡단해오고 있는 중이다.

정답 (c)

문제 해설

해설 알맞은 시제의 동사를 고르는 문제이다. 수십 년 동안 (for decades) 선수들이 다양한 지형과 난이도 있는 지형을 횡단해오고 있는 중이라는 내용이므로 현재완료진행형이 알맞다.

cf ~하는 동안:
During: 전치사로 뒤에 명사 또는 동명사가 온다.
During the rainy season, you should bring an umbrella with you.
While: 접속사로 뒤에 주어 동사가 온다.
While it is raining, you should use an umbrella.

[06]

> 영어 문제

Pete doesn't understand the rules of football and the meaning of the penalties. He has been going to local high school games ______ the play and to try to understand the rules of the game. This hasn't proved to be helping him at all.

(a) to be watching
(b) to watch
(c) having watched
(d) watching

> 문제해석

해석 Pete는 축구 규칙과 페널티의 의미를 이해하지 못한다. 그는 경기를 보고 경기 규칙을 이해해보려고 지역 고등학교 경기에 가오고 있는 중이다. 이것이 그에게 도움이 된다는 것이 전혀 증명되지 않았다.

정답 (b)

문제 해설

해설 to부정사의 부사적용법에 관한 문제이다. 빈칸 이하가 없어도 완전한 문장이 성립되는 것으로 보아, 빈칸에는 수식 역할을 하는 to부정사 부사적 용법인 to watch가 가장 알맞다.
to be watching은 to부정사의 진행 시제로 옳지 않다.

cf to부정사의 용법
1) 명사적 용법 (주어, 보어, 목적어 역할): ~하는 것
To exercise regularly is important.
2) 형용사적 용법 (명사 수식): ~할
I want something to drink.
3) 부사적 용법 (동사, 형용사, 부사, 문장 전체 수식): ~하기 위해
I went to the library to study.

[07]

> 영어 문제

James has lived in the south all his life, and recently he accepted an invitation to visit North Dakota from a college friend. His friend told him that he _____ bring warm clothes because they are having an early winter this year.

(a) could
(b) will
(c) should
(d) may

> 문제해석

해석 James는 평생 남부에서 살았고 최근 그는 대학 친구로부터 North Dakota에 방문하라는 초대에 응했다. 그의 친구는 그에게 올해 이른 겨울을 맞이하고 있기 때문에 따뜻한 옷을 가지고 와야 한다고 말했다.

정답 **(c)**

문제 해설

해설 빈칸에 알맞은 조동사를 고르는 문제이다. 문맥상 따뜻한 옷을 가지고 와야 한다고 상대방에게 충고하고 있다. 그러므로 충고, 조언, 권고사항 등을 말할 때 사용하는 조동사 should가 빈칸에 옳다.

[08]

> 영어 문제

Electric cars are gaining popularity for their lack of pollutants. As a test of the 300-mile range of my new car, I planned a course that was exactly 300 miles. During the trip, I excluded any hilly terrain. I would not have returned home if I __________ as much energy as I could.

(a) had not conserved
(b) would not conserved
(c) were not conserving
(d) did not conserve

> 문제해석

해석 전기 자동차는 오염물질이 거의 없다는 이유로 인기를 얻고 있다. 나는 새 자동차의 300마일 거리 테스트로, 정확하게 300마일 되는 코스를 계획했다. 이동하는 동안, 나는 언덕이 많은 지형은 제외시켰다. 나는 만약 최대한 많은 에너지를 절약하지 않았더라면 집으로 돌아오지 않았을 것이다.

정답 **(a)**

문제 해설

해설 가정법 과거완료에 관한 문제이다. 주절에 would 뒤에 have p.p가 쓰였으므로 가정법 과거완료가 쓰인 것을 알 수 있다. If절에는 had p.p가 쓰여야 하므로 had not conserved이 옳다.

cf as 형용사/부사 as ~: ~만큼 ...한/하게
I am as tall as David is.
I can run as fast as David can.

[09]

> 영어 문제

Our company is making plans to expand and will require more employees. The first part of the hiring process will be only online. The advertisement for the jobs will be done online at major job sites. Resumes must be uploaded to these sites, and those ________________ will be invited for an interview by text message.

(a) whom they are a good fit for the position
(b) who are a good fit for the position
(c) when they are a good fit for the position
(d) which are a good fit for the position

> 문제해석

해석 우리 회사는 확장을 계획하고 있고 더 많은 직원이 필요할 것이다. 고용 절차의 전반은 온라인으로만 시행될 것이다. 구인 광고는 주요 구인구직 사이트에서 온라인으로 시행될 것이다. 이력서는 그 사이트들에 업로드 되어야만 하고, 그 직책의 적임자는 문자로 면접 요청을 받게 될 것이다.

정답 (b)

문제 해설

해설 주격 관계대명사 문제이다. 선행사가 those로 사람이므로, who, whom, that이 올 수 있다. (a) whom은 목적격 관계대명사로 뒤에 목적어가 없어야 하는데 완전한 문장이므로 문법적으로 틀린 문장이다. 따라서 주격 관계대명사로 쓰인 (b)가 정답이다.

[10]

> 영어 문제

The sitting president and his party historically do well during the second term elections. Some of this might be that only the other parties have debates and during the debates, the candidates spend too much time tearing each other apart. The Republican party can anticipate ________________ this election very well.

(a) having finished
(b) to finish
(c) to be finishing
(d) finishing

> 문제해석

해석 역사적으로 현직 대통령과 여당은 두 번째 임기 선거에는 잘한다. 그 이유 중 일부는 야당들이 토론하고 그 동안에 후보자들이 서로 분열하는 데 많은 시간을 보내는 것일지도 모른다. 공화당은 이번선거를 아주 잘 끝내는 것을 예상할 수 있다.

정답 (d)

문제 해설

해설 동명사를 목적어로 취하는 동사를 묻는 문제이다. anticipate는 동명사를 목적어로 취하는 동사이므로 finishing이 정답으로 적절하다. having finished는 시제상 옳지 않으므로 오답이다.

cf tear something apart: ~을 물어뜯게 만들다[분열시키다]

[11]

> 영어 문제

Keeping a car for a long time has the advantage of the car being paid off. ________, some of the disadvantages are that more maintenance is required as the car gets older and parts are not as available.

(a) However
(b) Therefore
(c) Besides
(d) Instead

> 문제해석

해석 오랫동안 차를 가지고 있는 것은 그 차 값을 다 갚았다는 장점이 있다. 하지만, 몇몇 단점들은 차가 오래될수록 더 많은 유지보수가 필요하고 부품들을 이용할 수 가 없다는 것이다.

정답 (a)

문제 해설

해설 알맞은 부사를 고르는 문제이다. 앞 문장에서 차를 오래 가지고 있는 장점에 관해서 이야기하고, 빈칸이 있는 문장에서는 단점에 관해서 이야기하고 있으므로 역접의 부사 However이 정답이다.

cf However: 하지만
Therefore: 그러므로
Besides: 게다가
Instead: 대신에

[12]

> 영어 문제

Mason wants to go to college to study to be a communications specialist. This is a field that he has been interested in quite a while. Mason's holdup is that he lacks the money. If Mason had enough money, he __________ to Chicago right now and get started.

(a) would have moved
(b) moves
(c) would move
(d) will move

> 문제해석

해석 Mason은 의사소통 전문가가 될 수 있도록 공부를 하기 위해 대학에 가길 원한다. 이것은 그가 꽤 오랫동안 관심이 있던 분야이다. Mason을 방해하는 것은 돈이 부족하다는 것이다. 만약 Mason이 충분한 돈이 있다면 그는 당장 시카고로 이사해서 시작할 것이다.

정답 (c)

문제 해설

해설 가정법 과거에 관한 문제이다. If절에 과거형 had가 왔으므로 현재 사실의 반대 상황에 대해 가정하는 가정법 과거가 사용되었다는 것을 알 수 있다. 따라서 주절은 [would/should/could/might+동사원형]이 사용되어야 하므로, 빈칸에는 would move가 옳다.

cf holdup: 연기, 방해

[13]

> 영어 문제

In our area there is the threat of a hurricane all summer. If the authorities call for a complete evacuation, people end up in various places around the state. During the last hurricane evacuation, the authorities recommended that people ______________ for the all clear before they headed for their homes.

(a) wait
(b) are waiting
(c) will wait
(d) to wait

> 문제해석

해석 우리 지역에는 여름 내내 허리케인의 위협이 있다. 당국이 완전한 대피를 요구하면, 사람들은 주 내에 있는 다양한 장소에 있게 된다. 가장 최근의 허리케인 대피 동안, 당국은 사람들이 집으로 가기 전 경보 해제를 기다려야 한다고 권고했다.

정답 **(a)**

문제 해설

해설 당위성 뒤에 나오는 that절에 알맞은 동사를 고르는 문제이다. 과거에 일어난 일에 관해서 이야기하지만, recommend가 당위성 동사로 쓰였으므로 that절 내에 조동사 should가 생략되어 동사원형인 wait가 옳다.

cf 당위성 동사+that+(should) 동사원형
주장하다 : urge, plead, insist
요구하다 : ask, require, request, demand, claim
제안하다 : advise, recommend, suggest, propose, prefer, desire
명령하다 : order, command

[14]

> 영어 문제

Hue is running late for the sports award presentations for the high school because of a car problem. Hue fears that by the time he arrives at the high school auditorium, Coach Murrey ______________ the main awards for this season.

(a) will already present
(b) will already be presenting
(c) is already presenting
(d) already presents

> 문제해석

해석 Hue는 자동차 문제 때문에 고등학교 체육상 수상식에 늦었다. 그가 고등학교 강당에 도착했을 때쯤, Murrey 코치가 벌써 이번 시즌의 주요 상을 시상하고 있는 중일것을 우려한다.

정답 **(b)**

문제 해설

해설 알맞은 시제를 고르는 문제이다. 미래의 특정 시점인 도착했을 때 일어나고 있는 일을 말하고 있으므로 미래진행형인 will already be presenting이 옳다.

cf ~ 때문에: because of, owing to, due to, on account of+명사

[15]

> 영어 문제

My first book, The First Rose, didn't do very well on the market. I didn't get the royalties I expected. If the book had only been thought out better and marketed better, I ______________ more royalties.

(a) got
(b) were getting
(c) would have gotten
(d) would get

> 문제해석

해석 나의 첫 책 The First Rose는 시장에서 잘 안 됐다. 나는 내가 기대했던 인세를 받지 못했다. 그 책이 더 심사숙고되어 더 잘 광고되었더라면, 나는 더 많은 인세를 받을 수 있었을 것이다.

정답 **(c)**

문제 해설

해설 가정법 과거완료에 관한 문제이다. If절에 과거완료(had only been thought)가 쓰였으므로 주절에는 [would/should/could/might+have p.p]가 사용되어야 하므로, 빈칸에는 would have gotten가 옳다.

[16]

> 영어 문제

Jim loves to travel out-of-the-way places whenever he gets a chance. He has a love for state and national parks. He has found many smaller parks that are truly out of the way. His experience with the parks has motivated him ______________ stories of his travels and start an Instagram account to share pictures.

(a) to write
(b) to be writing
(c) having written
(d) writing

> 문제해석

해석 Jim은 기회가 있을 때마다 낯선 장소를 여행하는 것을 좋아한다. 그는 주립공원과 국립공원을 무척 좋아한다. 그는 정말 흔하지 않은 작은 공원들을 많이 발견했다. 그의 공원에 대한 경험은 그에게 여행에 관한 이야기를 쓰고 사진을 공유하기 위해 인스타그램을 시작하게끔 동기부여를 했다.

정답 **(a)**

문제 해설

해설 알맞은 목적격 보어를 고르는 문제이다. motivate는 5형식 동사로 'motivate+목적어+목적격 보어'를 취할 수 있고, 이때 목적격 보어로 to부정사가 온다. 따라서 to write가 옳다.

cf 복합관계부사
whenever: 언제든지, ~할 때마다
wherever: 어디든지, 어디에나
however: 아무리 ~해도

[17]

> 영어 문제

Sally doesn't own a car because of the expense and her apartment building lacks enough parking places. Everyday, she walks to work, so she can have some exercise. She said that even if she owned a car, she ____________ to work for those reasons mentioned earlier.

(a) has still walked
(b) still walks
(c) is still walking
(d) would still walk

> 문제해석

해석 Sally는 비용 문제와 그녀의 아파트에 충분한 주차 공간이 부족하기 때문에 차가 없다. 그녀는 매일 걸어서 출근해서 약간의 운동을 할 수 있다. 그녀는 만약 차가 있더라도 이전에 언급된 이유들 때문에 여전히 걸어서 통근할 거라고 말했다.

정답 (d)

문제 해설

해설 가정법 과거에 관한 문제이다. If절에는 현재 자동차가 없다는 사실에 대한 반대 상황을 가정하는 동사의 과거형이 사용되었다. 따라서 주절은 [would/should/could/might+동사원형]이 사용되어야 하므로 빈칸에는 would still walk가 옳다.

cf even if[though]: 비록 ~할지라도 (접속사)

[18]

> 영어 문제

During this Christmas season, the term "Porch Pirate" was all over the news. A porch pirate is someone who steals a box that was delivered to your house. Some people are so brazen as to follow the FEDEX truck and grab the delivered package. Terry requested that the store ____________ him first before making the delivery.

(a) is notifying
(b) notify
(c) notifies
(d) will notify

> 문제해석

해석 이번 크리스마스 시즌에 Porch Pirate라는 용어가 모든 뉴스에 나왔다. Porch Pirate는 당신의 집에 배달된 박스를 훔치는 사람을 가리킨다. 일부 사람들은 FEDEX 트럭을 쫓아 배달된 상품을 가지고 갈 정도로 너무 뻔뻔하다. Terry는 배송 전에 매장이 그에게 먼저 알려줄 것을 요청했다.

정답 (b)

문제 해설

해설 당위성을 나타내는 내용 뒤에 나오는 that절에 알맞은 동사를 고르는 문제이다. 당위성 동사 request 뒤에 that절이 왔으므로 동사 자리에는 should가 생략된 동사원형이 와야 한다. 따라서 notify가 옳다.

cf so 형용사 as to부정사: (to부정사)할 만큼 ...(형용사)하다
I studied so hard as to pass the exam.

[19]

> 영어 문제

One of the first signs that you may be raising a genius appears very early in a child's life. Getting to milestones way before than it was predicted ______ be a sign that your child is ready to be challenged.

(a) will
(b) must
(c) can
(d) shall

> 문제해석

해석 당신이 천재를 키우고 있을지도 모른다는 첫 번째 신호 중 하나는 아이의 인생 초기에 나타난다. 예상된 것보다 훨씬 이전에 중요한 단계에 도달하는 것은 당신의 아이가 도전을 맞이할 준비가 되었다는 신호가 될 수 있다.

정답 **(c)**

문제 해설

해설 문맥상 아이가 중요한 단계에 일찍 도달하는 것이 천재라는 신호가 될 수 있다는 '가능성'을 나타내기 때문에 조동사 can이 빈칸에 가장 적절하다.

cf will: (미래, 예측) ~할 것이다
must: (의무) ~해야 한다
can: (가능성, 능력) ~할 수 있다
shall: (미래) ~할 것이다

[20]

> 영어 문제

Remington Arms is one of the oldest gun makers in the world that is still producing firearms today. Since its opening until the first rifle was made in 1816, the company ________________ a variety of firearms from revolvers to long guns.

(a) had been producing
(b) will produce
(c) would have produced
(d) produces

> 문제해석

해석 Remington Arms사는 오늘날 여전히 총을 생산하는 세계에서 가장 오래된 총 제조사 중의 하나이다. 회사의 창립이래로 첫 번째 소총이 만들어졌던 1816년까지, 그 회사는 권총부터 장총까지 다양한 총을 생산해 오고 있던 중이었다.

정답 **(a)**

문제 해설

해설 알맞은 시제를 고르는 문제이다. Since를 이용해 그 회사의 창사시점 이래로 특정 과거 시점(최초의 라이플이 만들어진 시점)까지 생산했다는 내용이므로 과거완료진행이 와야 한다. 따라서 빈칸에는 과거완료진행형인 had been producing가 가장 적절하다.

cf from A to B: A부터 B까지

[21]

> 영어 문제

The sailing ship that Kim ordered was completed at the end of last month. The building of the ship has suffered many delays, and its completion is almost six months behind. We are now awaiting for the sails to arrive. If we had the sails, we ____________ on Saturday as planned.

(a) sailed
(b) would have sailed
(c) was sailing
(d) would sail

> 문제해석

해석 Kim이 주문했던 돛단배는 지난달 말에 완성되었다. 배의 건조가 많은 지연으로 몸살을 앓았고, 완성은 거의 6달 연기되었다. 우리는 지금 배가 오기를 기다리고 있다. 만약 우리에게 배가 있다면, 우리는 예정대로 토요일에 배를 탈것이다.

정답 **(d)**

문제 해설

해설 가정법 과거에 대한 문제이다. If절에 If we had the sails라는 가정법 과거를 사용하였으므로 주절은 [S+would/should/could/might+동사원형]이 사용되어야 한다. 따라서 would sail이 옳다.

[22]

> 영어 문제

Newborn marsupials must be protected at birth. In order to do this, the mother is outfitted with a pouch, ______________. Besides offering a warm protected place to grow, the pouch contains mammary glands to nurse the young. The young will live in the pouch for up to 6 months.

(a) what is a fold of skin with an opening
(b) who is a fold of skin with an opening
(c) that is a fold of skin with an opening
(d) which is a fold of skin with an opening

> 문제해석

해석 신생 유대목 동물들은 태어났을 때 보호를 받아야 한다. 그러기 위해서는 어미가 입구가 있는 살이 접힌 부분인 주머니가 갖춰져 있다. 이 주머니는 자라기 위한 따뜻한 보호 장소를 제공하는 것뿐만 아니라, 새끼에게 젖을 물릴 수 있는 젖샘이 있다. 새끼는 6개월까지 주머니에서 살 것이다.

정답 **(d)**

문제 해설

해설 계속적 용법, 주격관계대명사를 묻는 문제이다. 앞에 선행사가 pouch로 사물이므로, that 또는 which가 올 수 있다. 하지만 빈칸 앞에 콤마가 있는 것으로 보아 계속적 용법으로 사용되었는데, 이때 that은 올 수 없다. 따라서 which is a fold of skin with an opening가 가장 적절하다.

cf be outfitted with: ~가 갖춰져 있다

[23]

> 영어 문제

During the annual spring cleaning, Sally considered ____________ the furniture around the house. She had ideas that would make the apartment more living space. She started in the living room and found the task more than she could handle. Because of this, only the furniture in the living room was done.

(a) to be rearranging
(b) rearranging
(c) having rearranged
(d) to rearrange

> 문제해석

해석 한 해의 대청소를 하면서, Sally는 집에 있는 가구들을 재배치하는 것을 고려했다. 그녀는 아파트에 더 많은 생활공간을 만들 수 있는 아이디어가 있었다. 그녀는 거실부터 시작했고, 그 일이 그녀가 처리할 수 있는 수준을 넘어섰음을 깨달았다. 이것 때문에, 거실에 있는 가구만이 (재배치가) 끝났다.

정답 **(b)**

문제 해설

해설 알맞은 동사의 목적어를 고르는 문제이다. consider은 목적어로 동명사를 취하는 대표적인 동사이므로 rearranging이 정답이다. having rearranged는 본동사보다 더 이전의 일을 나타내므로 알맞지 않다.

cf spring cleaning: 대청소

[24]

> 영어 문제

The black market will always be a cause for the reduced profits of makers of high-end goods. Items that have been selling for many years will reduce demand due to the flood of copies. Companies that have been very profitable for decades will strictly ban __________ copied items because of the loss of their profits.

(a) having produced
(b) to produce
(c) producing
(d) to have produced

> 문제해석

해석 암시장은 언제나 명품 제조사들의 이익 감소의 원인이 될 것이다. 수년 동안 팔려 왔었던 상품들은 쏟아지는 복제품 때문에 수요가 줄고 있다. 수십 년 동안 큰 수익을 냈던 업체들은 그들의 수익의 손실로 인해 엄격하게 복제품의 생산을 금지할 것이다.

정답 **(c)**

문제 해설

해설 보기를 기준으로 준동사유형의 문제라는 것을 알 수 있다. 빈칸 바로 앞에 ban (금지하다)라는 동사가 보이고 빈칸은 목적어 자리이다. ban은 동명사를 목적어로 취하므로 정답은 동명사의 기본시제인 (c) producing이 정답이다. ban외에도 prohibit도 동명사를 목적어로 취한다는 것을 함께 익혀두자!

cf high-end: 고급의

[25]

> 영어 문제

Every morning, Amy has trouble getting up on time to get ready for work. _________ the alarm goes off, she turns it off. Because she knows how she is in the morning, she has many other alarms set on her phone at different intervals.

(a) As soon as
(b) Because
(c) As long as
(d) Whether

> 문제해석

해석 매일 아침 Amy는 출근준비를 위해 제시간에 일어나는 데 어려움을 겪는다. 알람이 울리자마자, 그녀는 알람을 끈다. 그녀가 아침에 어떤지 알기 때문에 그녀는 많은 다른 알람들을 다른 간격으로 그녀의 핸드폰에 맞춰 둔다.

정답 (a)

문제 해설

해설 알맞은 접속사를 고르는 문제이다. 문맥상 Amy는 아침에 알람을 듣고 한 번에 못 일어나는 것을 알 수 있다. 따라서 알람이 울리자마자 바로 그것을 끈다는 내용의 As soon as가 빈칸에 가장 적절하다.

cf - have trouble/difficulties (in) ~ing: ~하는 데 어려움을 갖다
I had trouble speaking in front of many people.
- 다양한 접속사
As soon as: ~하자마자
Because: ~ 때문에
As long as: ~하는 한
Whether: ~인지 아닌지

[26]

> 영어 문제

James River Farms is developing a new hybrid tomato with a longer shelf life than any natural product. Because of the short shelf life of a tomato, a lot of product is wasted. The Farms _______________ the shelf life for a year by the time the tomatoes are shipped to the market.

(a) would have tested
(b) is testing
(c) will have been testing
(d) will test

> 문제해석

해석 James River Farms사는 어떤 천연 농산물보다 유통기한이 긴 새로운 교배 토마토를 개발하고 있다. 토마토의 짧은 유통기한 때문에 많은 농산물이 버려진다. 토마토가 시장에 납품될 때쯤, Farms사는 일 년 동안 유통기한을 시험하고 있는 중일 것이다.

정답 (c)

문제 해설

해설 알맞은 시제를 고르는 문제이다. 미래를 나타내는 표현인 by the time과 함께 현재에 발생하고 있는 일이 기준이 되는 특정 미래 시점까지 토마토의 유통기한 시험이 지속되리라 예상되므로 빈칸에는 미래완료진행형이 가장 적절하다. 따라서 정답은 will have been testing이다.

cf shelf life: 유통기한

저 자 약 력

한사랑

미래경영 아카데미, 일타클래스, 프라임법학원 대표 지텔프강사
이투스, 비상에듀, 마더텅, 아이스크림홈런, EBS 온라인 강사
한양대학교 / 인하대학교 / 한국외국어대학교 영어강사

• 학력
University of Southern California 영어교육학과(TEFL) 석사졸업
Yale University Business English course 수료
Cambridge University BEC Business English Test Pass 자격증 취득
UC Berkeley Global Business Management Pre-MBA 수료

지텔프 65점 대비 시그니쳐 실전 영문법

2024년 02월 10일 초판 발행

저 자 한사랑
발 행 인 김은영
발 행 처 오스틴북스
주 소 경기도 고양시 일산동구 백석동 1351번지
전 화 070)4123-5716
팩 스 031)902-5716
등 록 번 호 제396-2010-000009호
e-mail ssung7805@hanmail.net
홈 페 이 지 www.austinbooks.co.kr

ISBN 979-11-93806-01-2(13740)
정 가 18,000원